土に聴け

あきた埋文40年　遺跡調査奮闘記

はじめに

秋田県埋蔵文化財センターは、道路やダム建設などの公共工事によって現地保存することが困難となった遺跡の発掘調査を主な業務とする公的機関です。一九八一（昭和五十六）年に設立され、発掘調査の件数はこれまでおよそ五百件に上ります。

遺跡とは、建物跡や墓、貯蔵穴、落とし穴など過去の人類の活動の痕跡が刻まれた土地のことをいい、そこから出土する土器、石器などとともに「埋蔵文化財」と称され、「文化財」の一つとして取り扱われています。

文化財は、長い歴史の中で生まれ、はぐくまれ、今日まで守り伝えられてきた貴重な財産であり、埋蔵文化財は土に埋まっているという点で、建造物、仏像、絵画などといった一般文化財とは大きく異なります。掘らなければ分からないという特徴があり、あらゆる場所に存在する可能性があります。ゆえに、掘削工事に伴って発見されることが多いのです。過去の痕跡は、新しい痕跡によって上書きされていきます。巨大なバケットを持った大型重機による新しい痕跡は、過去の痕跡を完全に消滅させてしまい、その場所で過去に何があったのか二度と確認できなくなってしまいます。こういうことがないようにするために、工事で土地を掘削する場合、事前に埋蔵文化財の分布調査を行い、必要であれば工事前に発掘調査をして、過去の痕跡を図面や写真に記録保存することになっているのです。

当センターがこれまでに調査した遺跡の時代は、後期旧石器時代から江戸時代に至るまでの長期に及んでいます。古くても新しくても、見つかった埋蔵文化財を正しく理解するためには、どんな状態で見つかったのか、どのようにして埋まったのか、何が行われていたのかを見極めなければなりません。そのための方法は、発掘調査により土をよく観察すること以外にありません。土の色、固さ、触感、混入物、時には理化学的な分析により、総合的に観ることが重要となります。『土に聴け』は、このコラムを担当していただいた秋田魁新報社の相馬高道さんにより付けられたタイトルです。「自ら何も語ることのない土をじっくり観ることで、その土地の歴史を後世に伝えること」と勝手に読み下してみると、埋蔵文化財の発掘調査を仕事とするものの心得となるような良いタイトルを考えて頂いたと思います。
本書の元となったリレーコラムは、これまでの発掘調査成果を基本とし、当センターの現役職員が遺跡の調査のこと、活用業務のことや自分の研究について、五十回にわたり書き繋いだものです。執筆にあたっては、分かりやすい文体、表現を心がけてきたつもりです。しかし、一般の読者向けに書き慣れていない私どもの文章は、編集の相馬さんにとって、はなはだ読みにくく、難解であったことと思います。にもかかわらず、毎回労を惜しまず何度も校正を賜り、ようやく形にしていただきました。この場をお借りして厚く御礼申し上げます。また、出版に当たり、編集や書籍用に文章を改める際に労を取って頂いた秋田魁新報社事業局企画事業部出版担当の佐藤陽輝さんをはじめ、諸氏に種々御配慮を頂きました。ここに深く感謝の意を表する次第であります。

秋田県埋蔵文化財センター
所長　磯村亨

目次

第四章　古代

第五章　中世・近世

第六章　発掘・整理

第七章　活用

本書で紹介する遺跡の位置

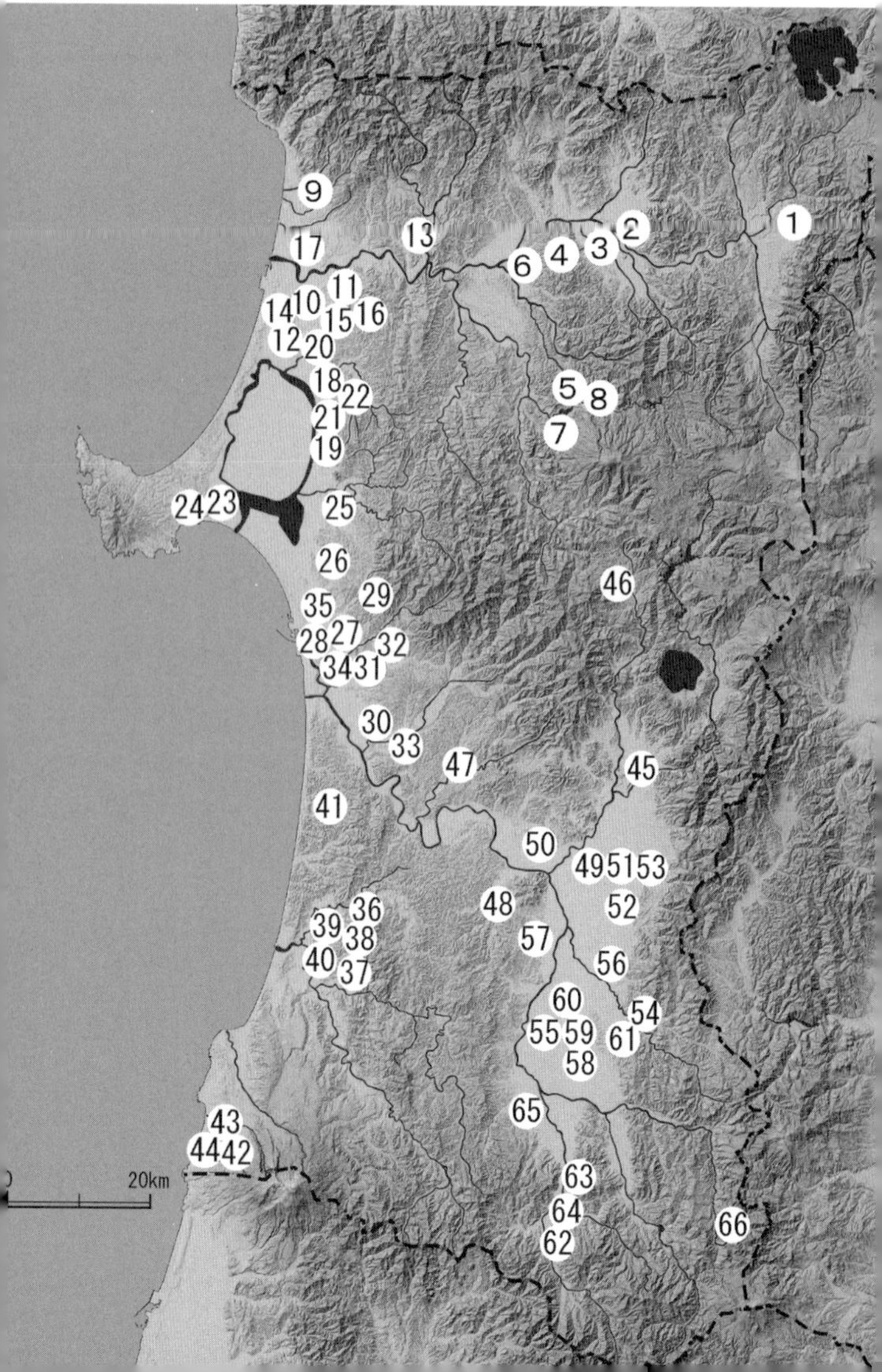

収録遺跡一覧

（○囲み数字は遺跡地図の位置を表す。下の数字は掲載ページ）

第一章　旧石器

第一話　ゾウを狩るヒト

澄みきった空と見渡す限りの草原。遠くにゾウの群れがゆったりと歩いている。ふと草むらに人の影が揺らめいた。二十人はいようか。息を潜め、手には背丈ほどの槍を持っている。ゾウの群れを狙っているらしい—。

四万〜三万年前ほど前、後期旧石器時代の秋田で繰り広げられていたかもしれない場景だ。

後期旧石器時代は氷期といって、年間平均気温が今より七度ほど低く、日本列島にはナウマンゾウやオオツノジカ、バイソンなどが生息していた。本県では男鹿市間口浜《まぐちはま》や潟上市槻木《つきのき》、湯沢市生内沢《おぼないさわ》でナウマンゾウの臼歯化石（次頁、写真）が発見されている。大陸から移住した人類は、

男鹿で見つかったナウマンゾウの臼歯（幅21センチ、個人蔵）

そうした大型動物を狩猟しながら移動生活を営んでいたのだろう。

本県にはその時代の遺跡が八十カ所ほど確認されており（全国では約一万カ所）、当センターでも秋田市七曲台《ななまがりだい》遺跡群や三種町鴨子台《かものこだい》遺跡、大仙市小出《こいで》Ⅰ・Ⅳ遺跡などを発掘している。これらは数世帯が石器を作りながら生活していたキャンプ地（移動生活上の短期的な居住地）跡と推測される。なかでも異彩を放つのが一九九四（平成六）年に調査した三種町家《いえ》の下《した》遺跡だ。居住用テント（推定、図は次頁）が環状に巡る、直径三十メートルほどの大きなキャンプ地跡である。東北地方の旧石器時代遺跡では最大級を誇る。

マツ・モミ・トウヒ等の針葉樹林が広がる氷期の東北日本では動物以外に得られる食料は少なく、狩猟がもっぱらだったと考えられる。体重四トンのゾウからは二千四百キロの肉が得られ、五十人を一カ月間養えたという研究もある。旧石器人はゾウと一対一で勝負するのではなく、集団で狩猟したことだろう。家の下遺跡はゾウ狩りのシーズンに集まった人々の共同キャンプ地だったのかもしれない。

ナウマンゾウは後期旧石器時代半ば（約二万五千年前）には絶滅したという。原因として急激な気候変動による温暖化のほか、旧石器人による大量狩猟が挙げられている。だが大型キャンプ地跡は全国で百カ所ほどしか見つかっておらず、絶滅に追いやるほどの狩猟活動があったとの証拠は乏しい。青森県や神奈川県ではウサギやイノシシの骨と石器が一緒に出土した例があり、普段は中・小型獣の狩りが主体で、ナウマンゾウ猟は特別な儀礼的狩猟に限定されていたと考える研究者もいる。

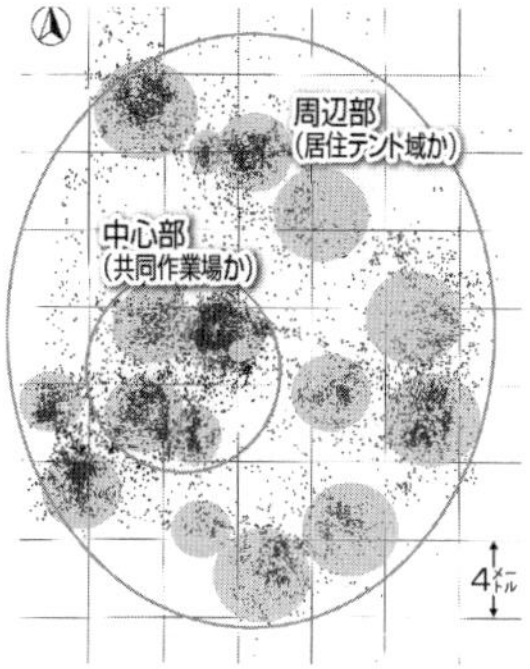

家の下遺跡の石器分布（黒点）。網掛けが居住用テント（推定）

昨今、アフリカ南東部モザンビークのゴロンゴーザ国立公園では牙のない象が生まれるという。密猟者が象牙を狙って大量狩猟した結果、「牙のない方が生存に有利」と環境適応した可能性があるという。生物の進化が観察可能なほどの短期間で起こったことになり、その原因が人間だとすると恐ろしいと生物学者らは危惧する。

人類は狩猟を通してチームワークや運動能力、危険察知能力、行動予測・観察能力などを培ってきた。狩猟の歴史を学び考えることは、私たちが自然と対峙しながらも、いかに母なる自然に育てられてきたかを知ることにつながる。そして、人間と自然の未来をどのように描くかという問いかけへと辿り着く。

〔吉川耕太郎〕

第二話　宵越しの石は持つ？

石器時代の人々にとって、石は生きる上で欠かせないものだった。槍やナイフ、錐、斧、皮なめし具など、生活で必要とするさまざまな道具の原料となったからだ。

石器時代の中で最も古い時代が旧石器時代である。今から約三万八千年前から一万五千年前までの約二万三千年間に相当する。動物を狩猟しながら数週間単位で居住地を移動していた時代だ。現代日本に住む私たちはそんな頻度で引っ越しをする暮らしなんて想像もできないだろう。そうした生活の中で人々は石器の原料となる石材をどのように利用していたのだろうか。

石器の石材は珪質頁岩《けいしつけつがん》や黒曜石が最適だ。石器時代人はこれらの原石を打ち割って剥がした石片を加工し、道具に仕上げた。秋田ではもっぱら珪質頁岩が利用されているが、石器製作に適した良質な珪質頁岩の原石は、どこでも拾えるというわけではない。

ところで、旧石器遺跡から出土する多くの石器類は、ほとんどが石器づくりの過程で出る石屑《いしくず》で、製品は全出土量の一割に満たない。出土品の整理・分析にあたって重要となるのが、これらの石片同士を三次元パズルの要領でくっつけていく接合作業だ。この作業を通じて石器づくりの技術や工程を復元することができる。

さて、理屈の上では、石片同士を接合していくと、いずれは元の原石に戻るはずだ。ところがいくら接合しても完全な原石に戻ることはまずない。中でも後期旧石器時代最盛期（二万五千年前ごろ）には決まって一定の欠落部があり、そこに二つのパターン（類型）を見いだすことができる。

一つは、原石の外側だけが接合し、内側がすっぽりと抜け落ちているA類。もう一つは、逆に外側が欠落し、内側だけが残るB類。これはどういうことだろうか。そこで、A類は石器製作工程の前半段階、B類は後半段階を示していると考えると、旧石器人の驚くべき計画性が浮かび上がってくる。つまり、こうだ。

旧石器人は、原石を入手したらその場で使い切ってしまうのではなく、石片をある程度打ち剝

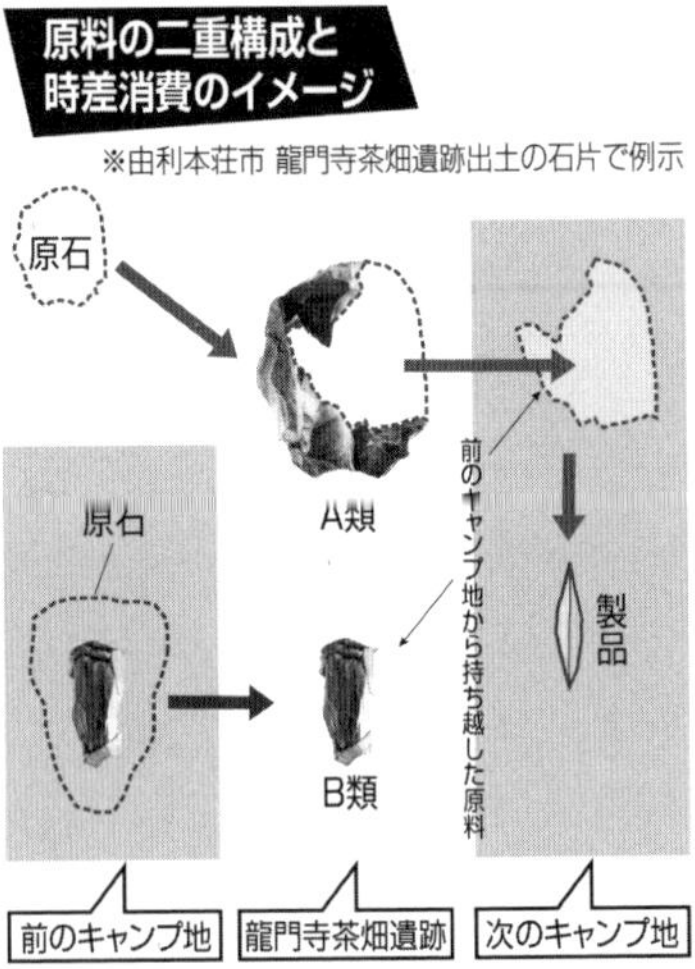

※由利本荘市 龍門寺茶畑遺跡出土の石片で例示

がした後、次の移動先へ持ち出したのだ。移動先で原石が必ず入手できるとは限らないため、手元の原料を使い切らずに次の移動先へ持ち越したと解釈できる。いわば「保険」をかけたのだ。移動先で新たな原石を入手できれば、持ち越した原料は使い切る。どうやら、無計画に石を拾っては消費していたわけではないことが分かる。生活を支える貴重な資源を枯渇させないための知恵だ。

このように旧石器人は、時間差を持たせて原料消費するという方策を編み出し、移動生活に組み込んでいた。これを旧石器考古学では「原料の二重構成と時差消費」仮説（図）という。

「宵越しの金は持たないよ」という江戸っ子気質とは縁遠い、しっかり者の旧石器人。私もその計画性を見習いたいものだと、接合資料を見るたびに思う。

［吉川耕太郎］

第二章　縄文

第三話　分からないことだらけ

「これは何に使った道具？」

埋蔵文化財センターの展示室で、小学生になる私の娘が展示品（次頁、写真1）を指さして私に質問する。

「ん～、この形の石器は県内でこれ一つしか見つかってないから、何に使われたかは分からないなぁ」

「じゃ、これ（23頁、写真2）は？」

「これも分からない」

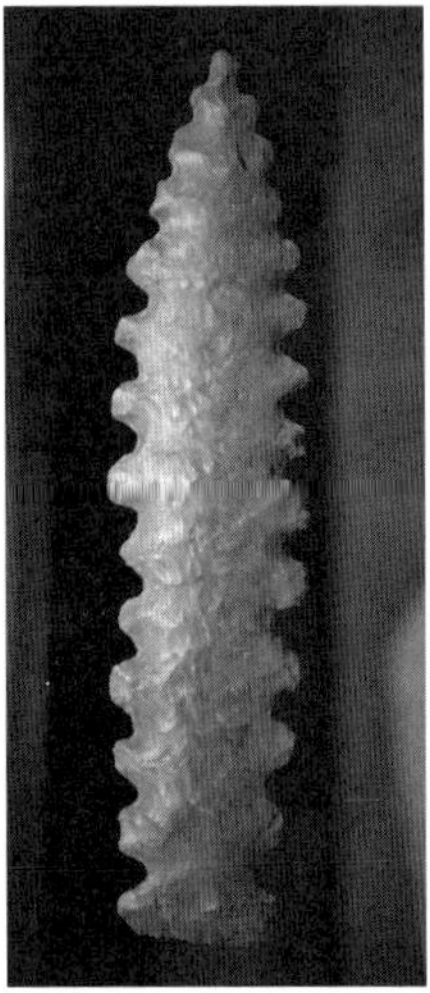

写真1　秋田市・片野I遺跡出土の異形石器（縄文時代晩期、長さ9・5㌢）

「どーして？一つだけじゃなくて、たくさん出てるよ？たくさん出てても分からないの？」

言葉に詰まった。下手にしゃべれば言い訳じみてしまう。三脚《さんきゃく》石器というんだよ、とずれた回答をしても、こちらの逃げの姿勢を見破って容赦してくれない。そして、類例のないことが、分からない理由にはならないと気付かされた。

遺跡から出土した遺物で、どのように使われたかを説明できるものは思いのほか少ない。古代や中世の箸・下駄・曲物《まげもの》のように現代に続いている道具ならよいが、縄文時代の道具はその多くがはるか以前に命脈を絶たれている。時代をさかのぼるほど、何のための道具か分からないものが増えていく。縄文時代よりさらに古い旧石器時代の石器なんて、機能が分からないものだらけだ。石鏃《せきぞく》（やじり）や石槍《いしやり》、石斧《せきふ》などと違い、見た目では用途が容易に推定できない石器を考古学では、三脚石器、カツオブシ形《がた》石器、異形《いけい》石器などと、とりあえず石器の形の特徴を捉えて呼んだりしている。

しかし、遺物の機能が分かることと、その遺物が放つ魅力とは別物だ。分からなくても魅力的、いや、分からないからこそ想像力が刺激され、いろいろなことを考えさせられる。何千年も前に秋田に住んでいた人がつくった道具、果たして何に使われたのか。「何の道具か、時代の最先端にいる君たちなら分かるはずだろ?」。過去から現代への挑戦状のようでもある。もちろん縄文人にそうした意識はないのだが。

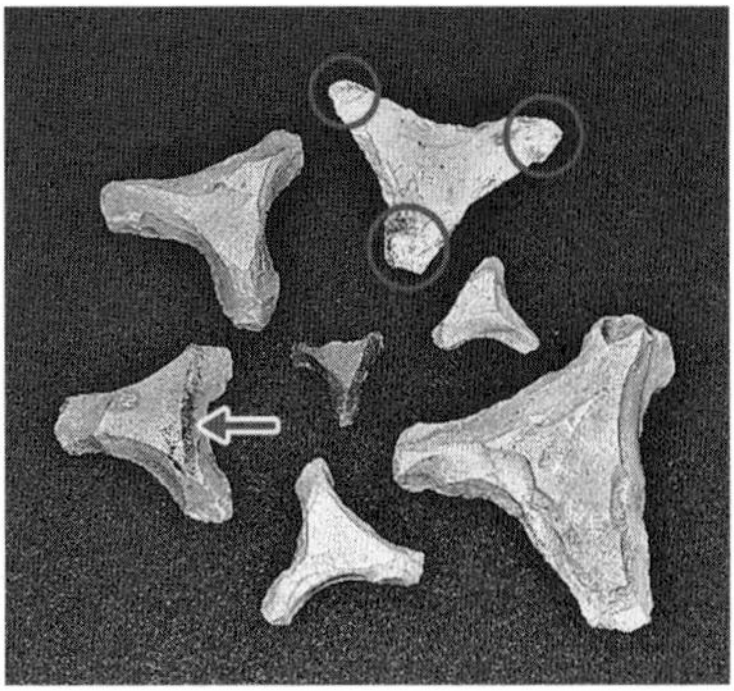

写真2　能代市・真壁地遺跡出土の三脚石器。矢印の黒い付着物がアスファルト、○部分がすり減っている（右下の石器は最大幅12チセン）

そこで私たちは遺物を微に入り細に入り観察する。すると、何の変哲もない石のかけらの縁に刃こぼれの痕跡が見つかり、使い捨てのナイフであることが分かったりする。こうした痕跡を見つけ出したときの喜びはひとしおである。

ちなみに三脚石器を丹念に観察すると、縄文人が接着剤として利用したアスファルトが付いていたり、三つの突起の裏面がすり減ってツルツルしていたりするものがある。三脚石器の使われ方を解き明かすヒントになるかもしれない。

私たち埋蔵文化財専門職員は過去のことなら何でも知っていると思われがちだが、むしろ「分からないこと」を知っているといった方がいいかもしれない。だからこそ、何をまずは解明すべきかの筋道も見えてくる。「考古学」は「過去（古）を考える学問」なのだ。

これからも遺跡の発掘調査で多くの未知との遭遇を体験することになるだろう。その期待感、ワクワクドキドキがたまらない。それはさておき、わが子に三脚石器をどう説明したものか。

［吉川耕太郎］

第四話　歴史の立体化

「歴史が立体的になったよ！」

この仕事を始めたばかりの頃、発掘調査に参加した作業員さんから掛けられた一言である。いまも時折この言葉を思い出す。

「立体」の反対は「平面」。教科書に載る年表や写真は平面的に表現された歴史といえる。平面が立体になると言われて私がイメージするのは、飛び出す絵本だ。ページをめくれば家が出現し、その家の扉をめくると動物たちが飛び出してくる絵本には幼い頃に夢中になった。発掘現場からも竪穴住居（竪穴建物）や縄文人たちが次々と飛び出してくることがあるのだろうか。

写真１　茱萸ノ木遺跡の盛土遺構の発掘調査風景

二〇一九（令和元）年度から二一（同三）年度にかけて調査が行われた能代市二ツ井町の茱萸《ぐみ》ノ木《き》遺跡では、「歴史が立体的になるとは？」と考えを巡らすことが多かった。茱萸ノ木遺跡は縄文時代中期（約五千～四千年前）を中心とする集落跡で、特に注目されたのが盛土《もりど》遺構（写真１）だ。長年にわたり土が盛られたことによって、土手状の高まりが形成された遺構のことである。盛土は推定で長さ四十メートル以上、最大幅約三十八メートルに及び、盛り上げられた土の厚さは最大で約一・二メートルにもなる。自然の尾根だと思っていた地形の大半は、実は縄文人によって形成されたものであることが分かった。

写真2　茱萸ノ木遺跡出土の石錘

鉄製のスコップもショベルカーもない時代にどれほどの労力を費やしたのだろう。炎天下、遺物を一点一点取り上げながら根気強く掘削を続けた作業員こそが、縄文人の苦労を一番実感しているはずだ。

掘り出された土器や石器はプラスチック製のコンテナ（六十センチ×四十センチ×十五センチ）約一千箱分に達した。顔の表情が分かる土《ど》偶《ぐう》や線刻《せんこく》のある石製品《せきせいひん》など珍しい遺物が出土すると、現場は大いに盛り上がる。祭祀《さいし》的な遺物が多いのもこの遺跡の特徴だ。

しかし、発掘体験に訪れた中学生たちが興味を持ったのは、意外にも石斧《せきふ》や石槍《いしやり》、石錘《せきすい》などの実用的な石器だった。石錘（写真2）は漁の際に網の重りとして使われた道具である。そう説明する前にピタリと用途を言い当てたのは、釣りが趣味という生徒だ。手に取った石器と普段の釣りの光景が重なり、実際に使う様子が思い浮かんだのだろう。この生徒には網を操る縄文人と逃げ惑う魚たちが見えていたのかもしれない。

発掘現場からはさまざま遺構や遺物が出土する。自らの手で土器や石器を見つけた時、そこにはもちろん感動がある。しかし、それだけではない。自分が掘り出した遺構や遺物から当時の情景が目の前に広がった時、まるで飛び出す絵本のように「歴史が立体的になる」瞬間を体験することにもなる。

そう考えていると、汗を流して発掘調査に精を出すわれわれ調査員と作業員たちが、まるで盛土遺構を形成している縄文人になったかのような感覚に陥った。縄文人と同じ地面に立ち、同じような作業をすることで味わったこの感覚、これも歴史を立体的に感じた瞬間なのかもしれない。そんな体験をできるのも発掘調査の醍醐味だ。

［小山美紀］

第五話　石器を埋める人々

「シートン動物記」にこんな場面がある。森の中でハイイロリスが小さな穴を掘って木の実をあちこちに埋めている。食べ物を貯蔵するためだ。滑稽なのは、十〜十五分後には埋めたことを忘れてしまうらしく、多くはそのまま残されるという。

写真1　北秋田市・森吉家ノ前A遺跡の竪穴住居貯蔵穴から取り出した素材剥片

木の実を貯蔵することは縄文人もやっていたようで、遺跡を発掘調査していると、しばしば貯蔵穴と思われる遺構が見つかる。リスの場合と違い大抵、穴の中は空っぽだ。しかし時折、縄文人の忘れ物かと思われる場面に出合う。そのひとつが「石器集積遺構」だ。直径三十～五十センチ、深さ二十センチほどの穴の中に、たくさんの石器が積み重なるように密集している。

私自身、三種町鯉川の小林《こばやし》遺跡の発掘調査時、ぎっしりと石器が詰まった穴を竪穴住居内で見つけたことがある。いましがた縄文人の手によって埋められたかのような生々しさに、掘る手が震えた。

二〇二二（令和四）年時点で石器集積遺構は県内の遺跡四十四カ所から八十四基が確認されている。県内で数千カ所あると言われる縄文時代の遺跡総数に比べるとごくわずかだが、先の経験も手伝って、ずっと気にかかっている遺構だ。

遺構内に集められたもののほとんどが、石器の素材となる不格好な石のかけら（剥片《はくへん》、写真1）だ。縄文人は熟達した技により、形の整っていない剥片からでも思い通りの石器を作ることができる。石器集積遺構の一部は、どうやらそうした石器の素材剝片貯蔵穴（写真２）だったようだ。他に石器づくりの際に出た石屑を捨てた穴もある。ごみ捨て穴の存在は、縄文人が作業の後片付けをしていたことを示している。

謎なのは素材剝片貯蔵穴の方だ。素材なら将来の使用を見越していただろうし、最終的に石器に仕上げられたはず。ではなぜ、そのまま穴に残されたのだろうか。リスのように忘れたのか、それとも不測の事態で急ぎ引っ越さざるを得ず、置き去りにされたのだろうか。はたまたいつか戻ってきたときにすぐ使えるようにそのままにしておきながら、結局は戻って来られなかったのだろうか。

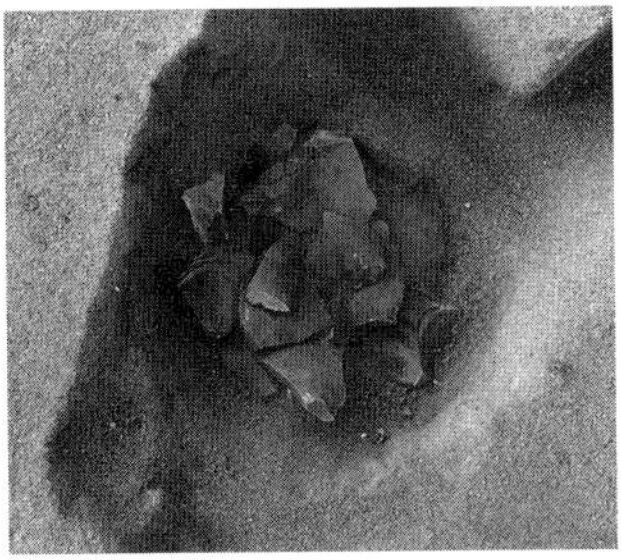
写真２　小林遺跡の竪穴住居内で検出された素材剝片貯蔵穴

リスが埋めた木の実は、やがて芽吹いて森の一部となる。忘れることは生態系のメカニズムの一つに組み込まれているのかもしれない。シートンは、あたかも木を植えるかのような行為が、森を育み、子孫の幸福につながるのだろうと説く。

縄文人が埋めたままにした素材剝片は、石器にはならなかったものの、子孫にあたる私たちの想像力と好奇心を刺激する「種」となる。より綿密に分析すれば、なぜ取り残されたのか、きっとその手掛かりが見つかるはずだ。どうやってその難問を解き明かそうか、最近、休日はそのことばかり考えている。

［吉川耕太郎］

第六話　輝く石器は魅了する

東成瀬村椿川のトクラ遺跡（次頁、写真1）は、秋田県の南東端、岩手・宮城県との境に位置し、周囲を急峻な山々に囲まれた標高四百八十二メートルの小さな平坦地に立地する。秋田県内で最も標高が高い遺跡の一つであり、栗駒山麓から吹き抜ける風のおかげで、真夏でも涼しく快適な気候だ。山々の間には道があり、胆沢《いさわ》へ至る手倉越《てぐらごえ》、一関《いちのせき》へ至る須川街道が江戸時代の記録に残されている。

発掘調査は東区と西区に分けて行われ、縄文時代早期〜晩期にかけての小規模なキャンプ地（短期的な居住地）や石器製作の場として断続的に利用された遺跡であることが判明した。東区では早期（約八千年前）、西区では後期（約四千年前）を中心とした遺構・遺物が見つかり、時期によって縄文人の活動場所が異なっていたようだ。

写真1　トクラ遺跡全景（左下の伐採地部分）。奥は国道342号・夢仙人大橋

このうち西区では配石《はいせき》遺構と、その周辺でさまざまな石が出土した。配石遺構は人頭大から拳大の平べったい石を、長径一・八二メートル、短径一・三三メートルの不整形に並べたもので、この地が一時的な生活の場としてだけでなく、何らかの儀式の場としても利用されていたことを示す。

配石遺構の周辺からは光り輝くカラフルな石片（次頁、写真2）が見つかっている。透明に輝く水晶、顔料の素材としても使われる深紅の鉄石英《てっせきえい》（鉄分を含む石英）、べっこう飴《あめ》のような橙色の玉髄《ぎょくずい》（石英の細かな結晶が集まった鉱物）、ガラス質であやしく黒光りする黒曜石などだ。これらの石は縄文人の手で打ち割られ、弓矢の先端につける矢尻などの石器に加工された。

縄文人が石器の素材に利用した石は、現代でも宝石や工芸品、お

写真2　トクラ遺跡出土の石器

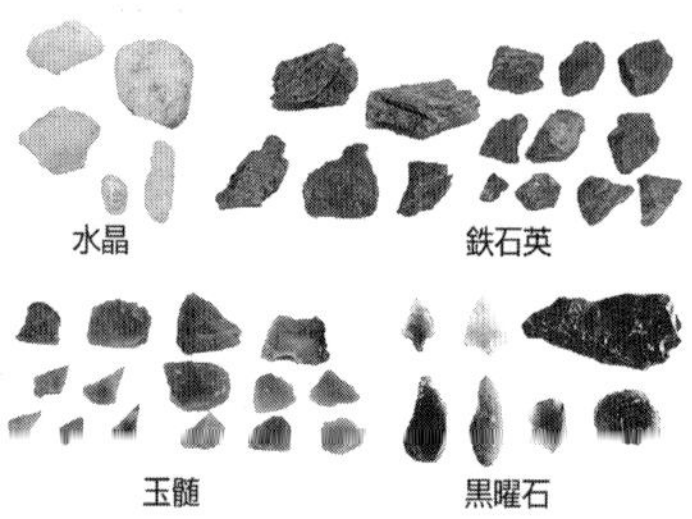

守りとしても利用されている。縄文人の美的センスは現代に通じるものがあるのだろう。中でも黒曜石は、旧石器時代から縄文時代にかけて利用されたポピュラーな石材の一つだ。県内では男鹿半島や田沢湖畔の産地が知られており、現在でも男鹿市の脇本《わきもと》海岸や金《かね》ケ《が》崎《さき》海岸で原石を見つけることができる。

トクラ遺跡の黒曜石はエックス線を用いた分析の結果、男鹿産、岩手県北上産、宮城県湯ノ倉産であると推定された。これらの石を手に入れた縄文人たちが、日本海側と太平洋側を往来する旅の途中、トクラ遺跡に立ち寄ったのであろうか。

深い山を越えて森の中でキャンプをしながら、縄文人が腰を下ろして石材を打ち割っている姿が目に浮かぶ。どのような思いを抱いて、縄文人たちはカラフルな石を携えて山を越えてきたのか。暗い森の中を歩く時、手にした光り輝く石器を見つめて勇気づけられたのだろうか。想像は尽きないものの、縄文人の心にいざ迫るのはとても難しい。だが、現代人の私でも石器が見つかった瞬間は、時間を忘れてその美しさに心を奪われている。

［赤星純平］

第七話　葬送習俗に迫れるか

黒く光る石「黒曜石」は、マグマが地表に噴出し、冷却されたことによってできるガラス質の岩石である。石器時代の人々は、その切れ味の鋭さ、加工のしやすさから、石器の材料として重宝した。エックス線を用いた現代の分析技術によって産地の推定も可能だ。

火山の多い日本列島には黒曜石の原産地が八十カ所ほどある。中でも北海道遠軽町《えんがるちょう》の白滝《しらたき》や長野県長和町《ながわまち》の和田峠などは全国有数の黒曜石原産地だ。東北地方では十五カ所ほどが知られており、秋田県では男鹿半島と田沢湖畔で現在でも運が良ければ見つけることができる。

北海道産の黒曜石は原石が大きく、さまざまな石器に利用されているが、本州産のものは縄文時代では矢尻に使われることが多い。男鹿の海岸で見つかる黒曜石はまれに握りこぶしほどのものが見つかるが、ほとんどは直径三～五センチほどの大きさだ。

縄文遺跡から出土する男鹿産黒曜石原石もやはり小粒で、矢尻（次頁、写真１）しか作ることができないだろう。しかし、不純物がなく透明で美しい。物々交換による物流が盛んだった縄文時代にあって、男鹿産黒曜石は貴重な交換資源だったことが予想される。私がかつて調べたところ、

写真1　右は縄手下遺跡出土の槍先（長さ3チセン）。左はにかほ市・ヲフキ遺跡出土の和田峠産黒曜石の矢尻

最古の男鹿産黒曜石の利用は約三万数千年前の後期旧石器時代初頭にまでさかのぼり（能代市縄手下《なわてした》遺跡など）、その頃すでに遠く長野県野尻湖まで運ばれていたことが分かった。旧石器時代には槍先《やりさき》に利用されており、岩手県奥州市下嵐江《おろせ》Ⅰ・Ⅱ遺跡からは、男鹿の黒曜石で作られた小さな槍先が七十点以上出土している。

　十年以上前のことだが、縄文時代の墓域である秋田市戸平川《とびらかわ》遺跡から大量に出土している黒曜石を当センターで展示するために調べていると、妙なことに気がついた。黒曜石を打ち割るのは矢尻などの利器を作るためと一般的に考えられているのだが、戸平川遺跡のものからは石器を作る意図が読み取れないのだ。小さな原石をひたすら破砕しているだけなのである（次頁、写真2）。湯沢市堀《ほり》ノ内《うち》遺跡も同様に墓域であるが、やはり同じ様子がうかがえる。

　石器を観察しているある日、「黒曜石は石器だけでなく、死者を弔う行為に用いられたのではないか」という仮説を思いついた。北海道の縄文時代の墓からは黒曜石の破片がばらまかれたよ

うな状態で出土することがあるという。さらに、北東北では弥生時代から平安時代にかけて墓の中に黒曜石を副葬する事例が明らかになっている。秋田県では、能代市寒川《さむかわ》Ⅱ遺跡や横手市田久《たく》保下《ぼした》遺跡でそうした状況が確認されている。

それぞれの黒曜石の産地を調べてみると、戸平川遺跡ではほとんどが男鹿産であるのに対し、堀ノ内遺跡では男鹿、雫石（岩手県）、月山《がっさん》（山形県）、湯ノ倉（宮城県）、深浦（青森県）、出来島《できじま》（同）のほか霧ケ峰（長野県）のものまであった。この結果は何を意味するのだろうか、今もって分からない。

写真2　細かく破砕された戸平川遺跡出土の黒曜石

北日本では縄文時代以来、黒曜石を葬送儀礼や副葬に用いた可能性が出てきた。黒く光る石は「死」と結びつけられたのだろうか。とすると、堀ノ内遺跡の事例は、普段は別々の地域に暮らしている親族が、各地の黒曜石を持ち寄って「お墓参り」をしたことを物語っているのかもしれない。お盆のような年中行事があったのだろうかと想像してみたくなる。過去の人々がどのように認識していたのかを考古学で立証するのは難しい。しかし、ここに紹介したような事例を積み重ねていくことによって、今は忘れ去られてしまった死者を弔う習俗へ接近していけるのではないか、そう思うのである。

［吉川耕太郎］

第八話　「文化融合土器」

仙北市田沢湖町神代《じんだい》の高野《たかの》遺跡は縄文時代中期（約五千～四千五百年前）の集落跡である。二〇〇二（平成十四）年に県営圃《ほ》場《じょう》整備事業地内の水路部分約三千三百平方メートルを発掘調査したところ、多種多様な縄文土器や石器が見つかった。

発掘調査中のある日、地元の小学校六年生が校外学習でやって来た。ちょうど捨て場（土器や石器などが大量に捨てられた場所）の調査の真っ最中。作業員さんたちは移植《いしょく》ゴテで慎重に掘り進め、土器片を見つけたり、図面に記録したりと現場は活気に満ちていた。小学生たちは目を輝かせ、「おっ！」と大きな歓声を上げた。縄文土器を間近で見て心躍る瞬間だったことが表情から読み取れた。後にこれらの土器片を接合して復元したところ、形と模様が特徴的であった。

高野遺跡の位置は、北緯四十度付近。世界地図を広げ、東北地方北部を横断する北緯四十度線を西にたどると、朝鮮半島から中国、中央アジアや地中海沿岸のギリシャ、イタリア、さらに北米大陸を貫き日本列島へと一周する。よく見ると、ユーラシア大陸では古代文明の中心地のほぼ全てを通る。実はこの北緯四十度線、東北地方の縄文文化を南北に二分する境界線にもなっている。

北緯四十度線以北、米代川流域から津軽海峡を越え北海道渡島《おしま》半島一帯までは円筒《えんとう》土器文化圏と呼ばれている。円筒土器は、外観がバケツを上下に引き延ばしたような、まさしく円筒形をしている。これに対して北緯四十度線以南、雄物川・最上川流域、そして仙台湾周辺から阿武隈川流域に至る地域までを大木式《だいぎしき》土器文化圏と呼んでいる。器形は直線的な円筒土器に比べて丸味を帯び、ジグザクや渦巻きのような文様を施しているのが特徴だ。大木式土器という名前は、宮城県松島湾に面する大木囲《だいぎかこい》貝塚から出土した土器に由来する。

この二つの文化圏の接触地にあたる高野遺跡では、両文化圏の特徴をもつ縄文土器が出土した。形と模様の特徴は、まさに二つの文化圏の特徴が融合していたのである。大まかに言うと、写真1、2（次頁）の土器は両方とも、全体の形や上半部に施された文様の特徴は円筒土器の要素、下

写真1　縄目の帯や英文字「C」のような連なりは円筒土器の特徴。口縁のジグザグや胴の渦巻き文様は大木式土器の特徴

写真2　粘土の帯（隆帯）で縦や横に区切るような文様の構成は大木式土器の特徴。口縁部の縄目の帯は円筒土器の特徴

半部の縦方向の文様や渦巻き文様などは大木式の要素である。南北の人々の交流や移動があり、高野遺跡はその接点だったのだろうが、なぜこのような折衷型の土器を作ったのか、いまだうまく説明できない。

高野遺跡の縄文人たちは、どんな気持ちで土器を作っていたのだろう。「模様の美しい良いものができたぞ」と誇らしげに土器をかざす親。「見たことのないかっこいい土器だね」と喜ぶ子供など、うれしそうに会話する光景が目に浮かぶ。

各地との交流を通じて得た感性で、土器の造形美を追求した高野の人々。土器は人々にとって、単に煮炊きなどの道具を超えたものだったのだろう。何より、二つの文化圏が融合した縄文土器を作った彼らは、柔軟さと他を許容する心の広さを持ち合わせていたに違いない。

［赤上秀人］

第九話　痕跡から沸き起こる親しみ

手作りの品を手に取った時、その物から作り手を思い浮かべることはないだろうか。手彫りのお椀から手の温かみを感じたり、手編みのマフラーの小さな糸のほつれから、作り手の努力や愛を感じたりする。規格化された大量生産品からは感じられない手作りの魅力だ。

学生時代、縄文土器を初めて間近で見た時、手作りのぬくもりを感じることができなかった。その土器が精巧に作られていたというわけではない。土器を作った人間の存在が遠すぎるため、作り手の心情が想像できなかったのだ。文化や生活様式が大きく異なる縄文人と現代の私では、同じ人間ではあってもどこか別世界の人間に思えた。

縄文時代を生きた彼らは、言葉でコミュニケーションをとっていたはずだが、文字にして残すことはしなかった。文字資料が残る時代であれば、当時の世相や風景、人間模様が書き残されている場合が多く、心情を理解し、共感することができる。それが一千年以上前の人間だとしても。だが考古学の勉強を始めたばかりの私は、縄文人の感情や思考を推し量れなかった。

今の私はというと、縄文人を以前ほど遠い存在だとは感じていない。彼らの生活様式への理解

写真1　湯沢市・赤塚遺跡出土の斧状土製品に残る指紋（線画部分）

が進んだこともあるが、ある土器に縄文人の実在を強く感じたからだ。その土器には縄文人の指の痕が残っていた。まだ水分の多い土器表面をなでたのであろうその指の痕には、指紋（写真1）までくっきりと見える。発掘調査で相手にするさまざまな遺物や遺構は、自らは何も語らないものが大半で、こちらから歩み寄って想像しなければならない。しかし、小さな指紋は、この土器を作った「個人」の存在をありありと伝えていた。

私が見た指紋は、彼らが意図的に残したものではなく、残ってしまったものである。

一方で、意図して手形や足形を粘土板に残した遺物が存在する。手形付土版《どばん》や足形付土版（次頁、写真2）と呼ばれるもので、その多くが子どもの足や手と思われるサイズだ。「七歳までは神のうち」と言われるように、幼いうちに亡くなる子も少なくなかったことだろう。子の供養のため、あるいは形見として手形や足形を残したとする説がある。

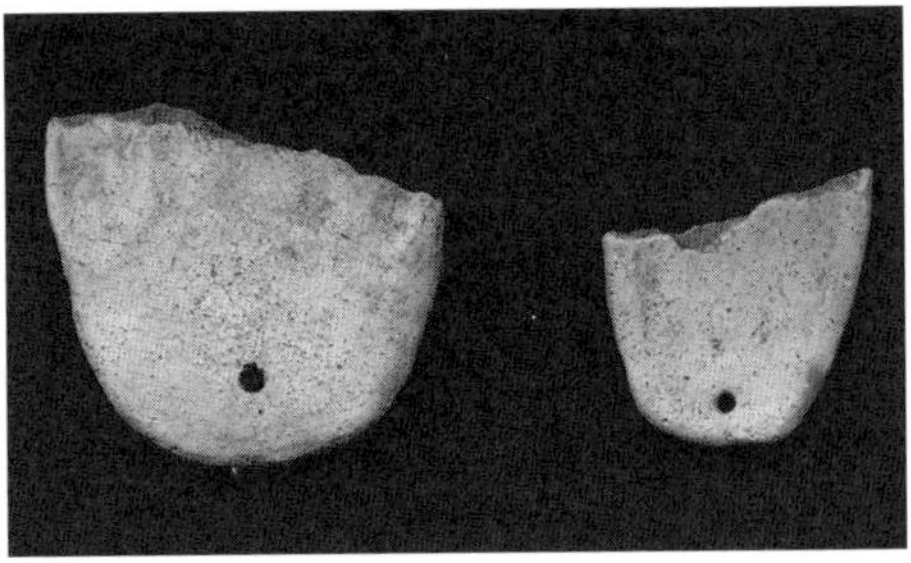

写真２　かかと（右）や足指（左）の跡が残る大湯環状列石出土の足形付土版（鹿角市教委提供）

しかし、私は別の説を取りたい。私の祖父母宅には、私が幼かった頃の手形が壁に飾られている。健やかな成長を願い、手に墨を塗って紙に押し付けたのだという。縄文時代の足形や手形も、子の成長を願ったものかもしれない。祖父母宅に里帰りすると、手形と見比べながら大きくなったなぁと言われ、うれしいような恥ずかしいような気分になったものだ。縄文時代の足形や手形の主も、私と同じ感情を抱いたのかもしれない。そしてそれらにも当然指紋のあるものがある。

はたまた、一見きれいに仕上げてある縄文土器も、よく見ると細部が雑だったりすることがある。最後の最後で面倒くさがっている縄文人を想像すると、親しみが感じられないだろうか。こういった「粗」にも注目してほしい。

［森谷康平］

第十話　土器が発する「本物」感

博物館などで本物の縄文土器を眺めた時、写真やテレビなどの映像からは感じられない「迫力」に圧倒された方もいらっしゃるのではないだろうか。この「本物」感、あるいは迫力はどこから来るものなのだろう。私は、その土器の使用感や、土器から伝わる人々の愛着から来るものではないかと考えている。

土器は、当時の人々が煮炊きや収納容器として実際に生活に使った道具なので、使い込むにつれて削れたり、焦げたりしてくる。煤《すす》や焦げ、傷などで汚れたたたずまいが、土器に本物感を与えているのだろう。それは「生活感」とも言い換えることができる。一つの土器から当時の人々の生々しい息づかいを感じることができるというのも、実物の土器を眺める楽しさの一つではないだろうか。

考古学において、当時の生活に思いを馳せることができる最も身近なものは、土器や石器などの遺物だ。当時の人々がその手で作り、生活の道具として使った遺物からは、現代の私たちが物に愛着を持つのと同じように、その物への愛着を感じることができる。既製品を使うことが圧倒的に多い現代人よりも、全てが手作りだった縄文時代の人々の方が、むしろ物への愛着は強かったのかもしれない。

それを示すように、例えば土器の中にはヒビを補修して使い続けたと考えられるものや、赤や黒の彩色を施したもの、作った人の指紋や爪痕が表面に残るものなど、一つとして同じものは存在しない。使いづらいだろうなと余計な心配をしたくなるほど過剰な装飾を施した土器もある。さまざまな個性を持つ縄文土器は、道具としての存在を超えたもの――私にはそう思えてならない。

写真1　湯沢市・赤塚遺跡出土の縄文時代中期の赤彩土器（高さ22チセン、直径13チセン）

写真1の土器は赤色の顔料（ベンガラなど）で着色されている。写真2（次頁）の深鉢は曲線と斜線による大柄な模様で飾られており、黒い部分は煤や焦げだ。

煮炊きの道具として土器を見た場合、文様があってもなくても機能的に問題はない。一見無駄な努力とも思える装飾行為だからこそ、縄文人の施した文様から当時の精神性を垣間見ることができないか

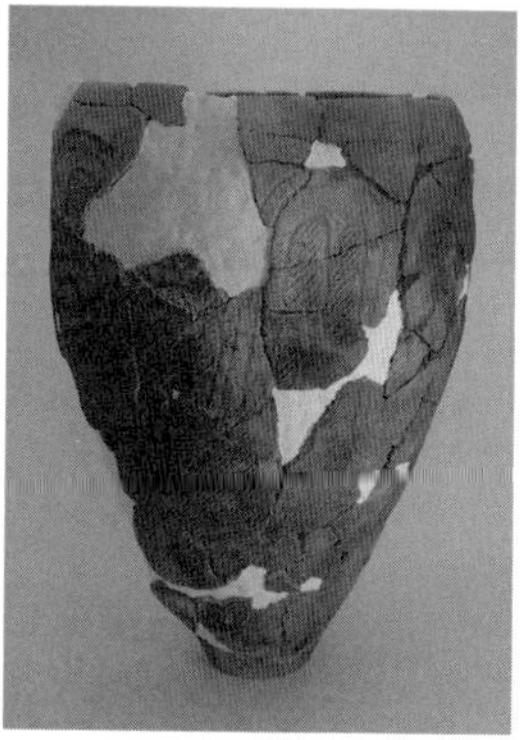

写真2　赤塚遺跡出土の縄文土器の深鉢（高さ55センチ、直径30センチ）

頭を悩ませる。ところが、どんなに装飾を施しても、どんなに凹凸なく表面を磨き上げたとしても、そんなことはお構いなしとばかりに縄文の人々はそれを火にかけ、あくまで道具として使用する。

現代に生きる私には、その行為がまるで芸術の世界でいうヴァンダリズム（意図的に破壊・損傷行為を行う表現方法）のように見える。縄文人が「芸術は爆発だ」と考えていたかどうかはわからないが、破壊や損傷されたことによる美しさも、縄文土器を本物たらしめている要素のひとつではないだろうか。

文字資料が残されていない縄文時代だからこそ、当時の人々の生活には謎が多く、想像の余地が残されている。当センターや県内各地の博物館、資料館にぜひ足を運んでいただいて、「本物」の土器をご覧いただきたい。私が感じた生活感や愛着以外にも、きっと何か感じ取れるものがあるはずだ。

［**森谷康平**］

第十一話　秋田の酒造りの起源か

秋田県ではいつごろからお酒が造られるようになったのだろうか。鎌倉時代？　平安時代？　実は縄文時代ではないかと考えられている。

縄文時代前期後半（約六千年前）の大館市池内《いけない》遺跡の捨て場から繊維状の植物遺体に包まれたニワトコ種子の塊が見つかった。発酵した種子を、植物で編んだ袋状の容器で圧搾《あっさく》、濾過《ろか》して液体を抽出していたようだ。ニワトコとはレンプクソウ（連福草）科の落葉低木で、夏に直径三～五ミリの赤い実を多くつける。青森市の三内《さんない》丸山《まるやま》遺跡でも同様の塊が見つかっているものの、いずれも発酵させるための容器は分かっていない。

写真1　山梨県南アルプス市鋳物師《いもじ》屋《や》遺跡出土の有孔鍔付土器（高さ54センチ、同市教委提供）

縄文時代中期（約五千～四千年前）になると山梨・長野両県を中心とした東日本で一風変わった土器が出現する。有《ゆう》孔鍔付《こうつばつき》土器（写真1）というものだ。その用途については

写真2　内村遺跡出土の有孔鍔付土器のミニチュア（右、口径2・5センチ）と口縁部の破片（左）

諸説あり、その中には酒造器《しゅぞうき》として用いられたとの説がある。

　壺もしくは酒樽のような形、蓋が載りそうな平らな口縁《こうえん》、口縁下に並ぶ小さな孔《あな》、その下には鍔のような盛り上がりがぐるりと巡る。孔は蓋を固定するための釘孔《くぎあな》か、あるいはガス抜きの孔だろうか。写真1の土器には三本指の人間のような文様が描かれている。内側に漆が塗られているものも多く、「特別」な土器であったことが分かる。当時も採取できたヤマブドウ・サルナシ・ニワトコなどの実を入れて蓋をし、自然酵母が活発になるよう炉の近くなど暖かい場所に置いて発酵させたと考えられている。山梨県ではこの土器の複製品を使って赤ワインの試験醸造に成功している。

　有孔鍔付土器の北限はこれまで、太平洋側が盛岡市、日本海側が山形県尾花沢市とされてきた。しかし二〇一九（令和元）年、当センターが所蔵する内村《うちむら》遺跡（美郷町、旧千畑町）出土品に思いがけないものが見つかった。有孔鍔付土器のミニチュア（写真2の右）と口縁部の破片（同左）だ。日本海側の北限が北上する可能性が出てきた。文様からどちらも縄文時代中期の終わり（約四千年前）のものとみられる。ミニチュア土器は土偶などと同様にお祭りの道具と考えられている。眺めていると、酒造りの成功を祈るお祭りをしつつ、酒造りにいそしむ縄文人の姿を想像してしまう。

池内遺跡の事例から、秋田県では縄文時代前期には酒造りが始まっていたと考えられる。そして中期になると、南方から伝わった新たな道具を取り入れたのかもしれない。県内のどこかに有孔鍔付土器が眠っているのではないか。この手で発見する日を夢見ている。

縄文時代から現代に至るまで数千年にわたり、秋田県人がさらなる美酒を追求していたというのは私の想像である。お酒好きと言われる秋田県人の血は、縄文時代から引き継がれたものなのかもしれない。

［小松和平］

第十二話　「縄文ルール」で作る

まとまった数の縄文土器や土偶を見たとき、奇抜なデザインに驚きつつも、なんとなく統一感が取れていると感じたことはないだろうか。実際、縄文土器や土偶の多くは時期や地域ごとにデザインが統一されている。多少イレギュラーなものも存在するが、土器・土偶作りにおいて何らかのルールが定められていたと考えられている。

この「縄文ルール」に従って土器・土偶を作るという行為は、自分がそのルールを共有するコミュニティーに属していることの証しだったのかもしれない。有名な遮光器《しゃこうき》土偶と同時期の県内出土土偶から、本県の様相を見ていこう。

写真1（次頁）は、大仙市横堀の星宮《ほしのみや》遺跡から出土した遮光器土偶（高さ二十三・九センチ、大仙市蔵）。頭や胴体の華やかな装飾、大きな楕円形の目が特徴だ。この目が極北地域に住む人々の使用する遮光器（雪の反射から目を守るゴーグルのようなもの）に似ていることから、この名が付いた。遮光器土偶は縄文時代晩期前半（約三千二百～三千年前）に作られ、東北地方北部を中心にしながら西日本からも見つかっている。この時期に最も多く作られた土偶であり、同様のデザイ

ンを用いる一大コミュニティーがあったのだろう。

写真2（次頁）の左は、X字形土偶（高さ八センチ）。板状で、胴体がアルファベットの「X」に見えることから、こう名付けられた。本県を中心に東北地方北部でまとまって見つかっており、その数は百数十点。同時期の遮光器土偶に比べると数は三分の一程度だ。県内では秋田市添川の戸平川《とびらかわ》遺跡で多く出土している。遮光器土偶には及ばないが、存続期間は比較的長く、数も多い。遮光器土偶と一緒に見つかることもある。分布域と発見数から、遮光器土偶を作る広域のルールに従いながらも、独自性を有する、より狭いコミュニティーがあったのではないだろうか。

写真1　星宮遺跡出土の遮光器土偶

写真2の右は、北秋田市森吉の向様田《むかいさまだ》D遺跡で出土した土偶（高さ十一・七センチ）。遮光器土偶と同じように人の形だが、見た目は完全に異なる。頭はツルツル、目には横線がなく白目をむいているようである。遮光器土偶のような華やかな装飾がなく、短線でパンツのような模様が描かれているだけだ。これは「パンツ土偶」とでも言えようか。遮光器土偶に真正面から対抗しているようにも思える。し

写真2　向様田D遺跡出土の「パンツ土偶」(右)と戸平川遺跡出土のX字形土偶(左)

かし、同じような土偶はほとんどないため、ごく限られたコミュニティーか、単発的でイレギュラーなものだったのかもしれない。向様田D遺跡では遮光器土偶やX字形土偶も複数出ているため、「パンツ土偶」の製作者はどちらかのコミュニティーに吸い込まれたのだろうと思う。

このように、縄文時代晩期前半の本県には、少なくとも三つのコミュニティーが存在していたと私は想像している。自由に生きていたように見える縄文人にもルールがあり、向き合い方にも違いがあったのだろう。ルールを順守、半順守、拒絶―それぞれの縄文人たちの個性を想像しながら、博物館や資料館で展示されている土器・土偶を眺めてみるのも面白い。

［**小松和平**］

第十三話　「複式炉」があった暮らし

人間は有史以前から火を生活に利用してきた。縄文時代の火を扱う主な場所は炉であった。それは地面を掘りくぼめただけの地床炉《じしょうろ》という簡素なものであったり、石を円形または方形に並べてその中で火を焚く石囲炉《いしがこいろ》であったりした。多くは竪穴住居の床に設置されていて、炉に薪をくべ、土器を置き、食べ物を煮炊きした。現代ではすっかり見かけなくなってしまったが、囲炉裏が最もイメージに近い。一昔前の日本人が囲炉裏を中心に団らんしていたように、縄文人もきっと炉を囲んで話に花を咲かせていたことだろう。

今から三千五百年から四千年ほど前、炉に大きな変化が訪れる。気候の冷涼化が始まる縄文時代中期後半、集団で定住する大規模集落が増加し、縄文時代全体を通して最も人口が多かったと考えられている時期だ。それ以前は簡素な造りが多かった炉に、精密な石組みを施した複式炉が出現する（次頁、写真１）。

複式炉は、東北南部を中心に北東北、北関東、北陸地方でみられる大型の炉だ。複式という名前の通り、複数の場を持った炉で、土器埋設部《まいせつ》、石組部《いしぐみ》、前庭部《ぜんてい》という三つの部位で構成さ

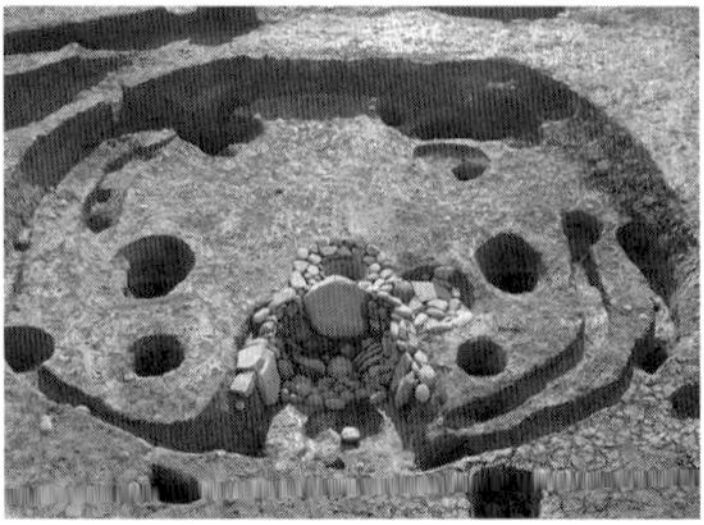
写真1　縄文時代中期後半の複式炉を伴う竪穴建物跡（にかほ市・神田遺跡）

写真2　3つの機能をもつ精密な石組みを施した複式炉（にかほ市・神田遺跡）

れる（写真2）。土器埋設部には土器が埋められ、その中にオキ（赤く熱した炭火）を入れて七輪のような使い方をしていたと思われるが、用途を示す具体的な証拠に乏しい。石組部では石囲炉と同様、火を焚いて土器で食べ物を煮炊きしていたのだろう。前庭部は薪置き場や作業場として使われていたと推定される。このように炉に複数の機能を持たせたことで、炉自体が大型化した。大きいものでは奥行き三メートル、幅二メートルを超える例もあり、さながら縄文時代のシステムキッチンと言えるだろう。

炉が大型化した経緯については諸説ある。一つは、この時期に進んだ気候の冷涼化により食料の確保が困難になった結果、比較的安定して採集できる木の実の需要が増えたこと。つまり、縄文時代に食されていた木の実のうちドングリやトチの実（種子）などはアク抜きが必要で、アク抜き用の灰を効率的に回収するためだったという説だ。もう一つは、冷涼化で暖房としての機能がより求められるようになったという説がある。

理由はさておき、複式炉はそれ以前の炉と比べて格段に設計と設置に手間が掛かることは確かだ。多くの複式炉は左右対称を意識した形で、使う石の大きさもできるだけそろえようとの意図が伝わってくる。複式炉自体が大きいため、石の数も多くなっていく。わが事として考えると、日々の生活にゆとりがなければ、このような大がかりな炉を作ろうとは思わない。短期間しか使わないのであれば地面を掘りくぼめた地床炉で十分だ。

そう思って複式炉をあらためて眺めると、心に余裕があり、長くその場所に住もうという意思が見えてくる。複式炉の出現は、気候の冷涼化というネガティブ（否定的）なイメージと共に語られることが多いように思うが、活気あふれる集落が思い浮かぶのは私だけだろうか。

［森谷康平］

第十四話　捨て場こそ「宝島」

宝島。この言葉から、大海原にひっそりと浮かぶ財宝の眠る島をイメージする人が多いのではないだろうか。だが私は縄文時代の捨て場を思い浮かべる。捨て場は貝塚の内陸版のようなもので、そこからは多くの驚くべき発見がある。考古学に関わる者にとって捨て場は、大地に眠る「縄文の宝島」なのだ。

秋田県で縄文時代の捨て場が見つかった代表的な遺跡として、大館市の池内《いけない》遺跡が挙げられる。一九九二（平成四）〜九五（同七）年度に行われた調査で、大規模な捨て場が計四カ所発見され、遺物量は十トントラックでも運びきれないほど多かった。地中の遺物は足の踏み場もないくらい密集して広がっていた。出土した遺物には土器、石器はもちろんのこと、本県で唯一となる彫刻が施されたクルミ（次頁、写真1）や、漆塗りの木皿、酒の原料とした可能性があるニワトコ種子の塊、縄文人の食生活を物語る動植物遺体などがあり、県内外から注目された。学生時代に郷土のこの遺跡を知った私は、いつかこのような発見をしてみたいと思っていた。

仕事として遺跡発掘に携わるようになると、捨て場の調査の裏には担当者の大変な苦労があることを知った。まずは土中から現れた膨大な量の土器や石器の表面の輪郭を明らかにし、慎重に掘り進めなければならない。根気強く丁寧な仕事が求められるのだ。捨て場は主に斜面に形成されるため、作業場の安全にも注意を要する。少しでも雨が降ると滑って調査ができなくなるため、調査期限や天候を気にしながら発掘をしなければならない。その苦労を知るにつれ、捨て場が見つからないことを願う後ろ向きの心が頭をもたげる。

写真1　池内遺跡の捨て場と彫刻が施されたクルミ

就職一年目の二〇一九（令和元）年十月、調査していた能代市二ツ井町の茱萸《ぐみ》ノ木《き》遺跡でおそれていた事態が起こった。自分の足元から捨て場（次頁、写真2）が顔を出してきた。避けたい遺跡ほど自分に当たる——という先輩の言葉を理解した瞬間だった。捨て場の調査は同年十、十一月と翌年の六、七月の計四カ月にわたったが、晩秋の冷たい雨やみぞれ、梅雨の長雨に悩まされた。掘っても掘っても次々と顔を出す遺

写真2　茱萸ノ木遺跡の捨て場。斜面にうち捨てられた遺物群

物と連日の雨、迫り来る期限に焦燥感が募った。

だが苦しみだけでなく、喜びの感情もあった。他の遺跡ではあまり見かけないものが出てくると、感動とともに疲れが吹き飛んでしまう。茱萸ノ木遺跡の捨て場からは土偶や獣骨片、石製の耳飾り、北陸地方との交流をうかがわせる土器などが見つかった。それらを自分の手で見つけたという実感はたまらなかった。結果的に厚さ約一メートルにもなる捨て場を掘り上げ、この上ない達成感を味わった。

捨て場の調査は苦難の連続であるが、それを乗り越えた分、調査員として一皮も二皮もむけるだろう。そのうえ新たな発見ができると思うと、またやってみたい気持ちもある。苦しむことは正直避けたい気持ちがあるが、その先にある自分の成長と大きな発見をしたい、そういう葛藤を抱きながら、来たる宝島発掘の準備を進めておくことにしたい。

［小松和平］

第十五話　盛り土は語る

縄文時代の遺構といえば、竪穴建物跡や三内丸山《さんないまるやま》遺跡（青森市）で有名な掘立柱《ほったてばしら》建物跡などが代表的だ。竪穴建物では壁と床面を作り出すために、掘立柱建物では木柱を据えるために、縄文人は地面を掘り下げた。調査で見つかる遺構の多くは、土を掘り下げた痕跡だ。

だが縄文人は掘り下げるだけでなく、土を盛り上げることもしていた。二〇一九（令和元）年度から二一（同三）年度にかけて調査した能代市二ツ井町の茱萸《ぐみ》ノ木《き》遺跡で私たちは、縄文人が大いに土を盛り上げた痕跡を目の当たりにした。当初、尾根だと思われていた場所が、掘り進めるにつれ、「この尾根は自然地形でないのでは？」と思えてきたのである。なぜなら、いくら掘り下げても遺物がどんどん出てきたからだ。

思い切って、部分的に深く掘り下げてみた。すると、さらにたくさんの遺物が出てきたのである。尾根だと思っていた高まりは、縄文人が盛り上げた土だったのだ。最大一・二メートルにも及ぶ厚さ（次頁、写真1）に圧倒された。盛り上げられた土の範囲は、調査区内だけで約五百七十平方メートル確認され、さらに調査区外へと続くことが分かった。

写真1　茱萸ノ木遺跡の盛り土の厚さは最大1・2メートルに及ぶ

写真2　盛り土の広がり。右側が発掘で盛り土を掘り切った状態、左側は掘る前

茱萸ノ木遺跡の縄文人は、この場所によほどのこだわりがあったのだろうか。盛り上げた土の上に竪穴建物などを掘り、それを埋める形で再び土を盛り上げていた。また、高さ約六十センチの筒形の土器（深鉢形《ふかはちがた》土器）を立たせ、その周りを土で固めることもしていた。つまり、土を盛るという行為と、土器を埋めるという行為が同時に行われていたのである。これらのことから、土を盛る行為自体が重要な意味を持っていたと考えられる。

盛られた土には多量の土器や石器、石器作りで生じた石屑、焼けた土、炭、動物の骨片など、生活を営む中で出てきた廃棄物が含まれていた。一方で土偶、石棒《せきぼう》、装身具といった儀礼や祭りに関わると思われる遺物も見つかっており、ただの捨て場ではないことが分かってきた。北海道日高地方産のアオトラ石や神居古潭《かむいこたん》産の青色片岩《へんがん》で作られた磨製石斧《せきふ》、岩手県久慈産とみられる琥珀《こはく》といった、秋田県外でしか採れない石を使った遺物や、北陸地方特有の文様を持つ土器も出土した。

盛られた土を全て掘りきると、その下からはさらに竪穴建物跡や炉、土坑《どこう》、柱穴、そして捨場が見つかり、土が盛られる前、ここは集落だったことが分かった（前頁、写真２）。出土した土器の時期的特徴を調べると、土が盛り上げられる前の最初の集落は今から五千四百年前に築かれ、最後に土が盛られたのは四千三百年前であることが判明した。土層の観察から、およそ千年の間に少なくとも三回は大規模に土が盛られていたことも明らかになった。

こうした痕跡は、県内では米代川流域で数例しか知られていない。縄文人は一体何のために土を盛ったのか。茱萸ノ木遺跡のさらなる分析を進め、その謎を解明していきたい。　［大上立朗］

第十六話　トチの実で命つなぐ

湯沢市横堀中屋敷《よこぼりなかやしき》遺跡は、湯沢横手道路・雄勝インターチェンジのすぐ南にある。二〇二〇（令和二）年度、インターから山形県側へ道路を延伸するのに先立って発掘調査を行った。その結果、縄文時代後期（約四千年前）の河川跡と、その川岸周辺から竪穴住居跡や木の実の貯蔵穴などが見つかり、川辺の集落跡であることが分かった。さらに河川跡からは思いがけない遺構が発見された。

調査の終盤、作業員さんから「急いで来てけれ！　川跡の底の方から木の破片みたいなものが出てきた」と大声で呼ばれた。その場へ行くと、黒い泥土の中に無数の木片があった。

「なんなんだ、これは?」

慎重に泥土を掘っていくと、少しずつ遺構の全体像が見えてきた。川岸が掘り込まれており、その底に丸木材や木の皮が敷かれていた。明らかに人の手による木組みだ（次頁、写真1）。調査中に雨が降ると、上流側から水が流れてきて、その部分に水がたまる。瞬間、頭をよぎった。

「これは水場遺構ではないのか?」

写真1　横堀中屋敷遺跡の水場遺構。木材を敷き並べて作業用の足場とした

水場遺構とは、縄文人が木の実を流水にさらしてアク抜きをする作業場である。全国的に発見事例は少なく、県内では由利本荘市上谷地《かみやち》遺跡と能代市柏子所《かしこどころ》Ⅱ遺跡の二カ所しか見つかっていない。内陸部では未発見だった。

だが、まだ確信が持てない。どんなに小さな証拠も見逃すことのないよう、周辺も含めて丹念に調べる。掘り進めていくにつれ、木組みの隙間から縄文時代後期の土器とともにトチの実やその破片（次頁、写真2）、河川跡の周囲からは木の実などをたたきつぶすための台石などが見つかった。ようやく縄文時代の水場遺構であると断定できた。

トチの木は冷涼な気候でも育ち、種子はデンプン量が多く高カロリーであるため、東日本の縄文人に好んで食べられていたようだ。しかし、渋み成分のサポニンやタンニンが多く含まれるため、アク抜きをしないと食べられない。

写真2　水場遺構の木材の隙間から見つかったトチの実と殻の破片

二〇二一（令和三）年春、実際に川原石を使ってトチの実を打ちトチの実は意外と簡単に割れ、内側の薄い皮を爪で剝がすことができる。半日ほど作業すると、きれいに中の実を取り出せるようになった。しかし、そのまま口に入れてみると、苦くてとても食べられない。沢水に三週間程度つけておくことで、渋みがなくなり、やっと口に入れられるようになった。

今から四千年ほど前は気候が寒冷化した時期にあたる。このような体験を通して当時を想像すると、厳しい自然環境の中、知恵と技術を駆使してトチの実を食糧に変え、明日に命をつないだ縄文人の姿が目に浮かぶ。現代から遠く離れた時空にいる縄文人たちが、少し近づいて見えた気がした。

［赤星純平］

第十七話　可能性秘める土坑墓

遺跡の現地説明会や発掘調査の見学などに訪れたことがある方なら、地面に掘られた大小さまざまな「穴」を目にしたことがあるに違いない。こうした穴を考古学では土坑《どこう》と呼ぶ。

調査者は穴の形や大きさ、中の遺物、周囲の遺構との関係性、地形などを手がかりに土坑の正体を探る。その結果、動物を捕らえる「落とし穴」や木の実などの食料を保存する「貯蔵穴」、人を葬る「土坑墓」などの性格が推定される。

土坑墓の中の人骨は、酸性土壌のため通常は失われてしまうが、死者に手向けられた副葬品が出土したり、血を表すとされるベンガラ（天然の赤色顔料）が散布されていたり、遺体を一気に埋め戻した土が確認されたりする。理由は不明だが、丸石を詰め込んだ事例もある。

横手市山内の虫内《むしない》Ｉ遺跡からは、縄文時代後期後葉から晩期前葉（約三千三百～二千八百年前）の土坑墓が百七十一基発見された（次頁、写真１）。県内屈指の数である。これらは同時期に作られたのではなく、およそ五百年もの間に累々と蓄積されたものだ。

これらの土坑墓は大きさにより幾つかのグループに分けられる。人骨は残っていなくても他の

写真1　虫内I遺跡の土坑墓群

調査事例を参考にすると、長さ・幅が〇・五メートル前後の穴は小児の遺体の手足や体を屈曲させて埋葬（屈葬《くっそう》）し、それより大きい穴は成人を屈曲させたり、屈曲させずに埋葬（伸展葬《しんてんそう》）するといった作法の違いを反映していると推定された。

他に土器埋設遺構が百五十三基確認された。これらは宮城県気仙沼市田柄《たがら》貝塚などの例から、土器を棺とした嬰児《えいじ》の墓と推定される。また土器や石鏃《せきぞく》（やじり）、石斧《せきふ》、石剣《せっけん》、玉類、耳飾り、櫛などの副葬品があったり、副葬品はないものの、穴の形状や埋め戻し土の状態などから墓と考えられる土坑がある（次頁、写真2）。

さらに土を詳細に観察すると、大きめの土坑墓のうちの幾つかには土饅頭《どまんじゅう》のような盛り土の痕跡が確認でき、石鏃が副葬される傾向にあった。狩人のリーダーの墓だろうか。

土坑墓群は調査区域内の分布から八つの群に分けることができ、それぞれの群の内部を詳細に

写真２　土坑墓には土器や石器の他、小石が詰まっていることもある

調べるとさらに四十九の小群に仕分けることができた。遺体を屈曲させる土坑墓群と屈曲させない土坑墓群は分布を異にしていることも見えてきた。

埋葬作法や副葬品、分布のまとまりなどの違いは、何に起因するのだろうか。被葬者の年齢はもちろん、副葬品の種類は性別を反映しているかもしれないし、埋葬作法は出自集団の違いを物語っているのかもしれない。人骨が見つかればその謎にも迫ることができるだろう。

現在の墓とは様子が違い、縄文時代の墓には謎が多い。しかし調査分析の成果をつなぎ合わせて考えを深めていくことで、少しずつ謎が解き明かされていく。その積み重ねによっていつの日か縄文時代を生きた人々の、死に対する考え方を深く理解できる時が来るかもしれない。発見時はただの穴だったが、この穴は多くの可能性を秘めている。

［冨樫那美］

第十八話　住居と墓地をつなぐもの

縄文遺跡の発掘調査では、住居跡と墓が一緒に発見されることがある。大館市大子内《おおしない》の堂《どう》ノ沢《さわ》遺跡もそうだ。遺跡は大館盆地の西縁、日本海東北自動車道摩当山《まとうやま》トンネルの大館側出口付近にある。発掘調査では、わずか二十五メートル四方の小高い丘に竪穴住居跡六棟、墓六十基が密集して発見（次頁、写真1）され、遺構や遺物（同、写真2）の分析から次のようなことが分かった。

今から約三千六百年前の縄文時代後期中ごろ、十人ほどの家族がこの地に二棟の竪穴住居を建てて住み着いた。その後、子へ孫へと世代交代しても竪穴住居を建て替えながら住み続け、二百年ほどたって別の土地に移住していったようだ。

居住が始まった当初から数世代までの住人の墓は、この場所にはない。約百年たったころから、南向きの斜面に竪穴住居と並んで墓が造られ始める。その後、墓地の範囲は丘の上の平坦面まで広がっていった。人々がこの地を離れた後も、縄文時代晩期前半（約三千年前）まで、約四百年間にわたり墓だけが造られ続けた。

縄文時代は自然と共存し、自然の恵みに依存していた時代。縄文人は日常生活、特に食料の獲得に好適な場所を選んでそこに定住したと考えられている。縄文時代後期中ごろの堂ノ沢遺跡は、そうした居住好適地のひとつだったのだろう。そして竪穴住居そばの墓は、死者を居住地の一角に埋葬したことを物語る。

後に人々がさらに好適な地に移住した後も、死者が出れば、先祖が眠っている堂ノ沢遺跡に連れ帰り、その傍らに埋葬した。それは、代替わりが進み、堂ノ沢遺跡でどんな暮らしをしていたのかを直接知らない世代にまで受け継がれた。居住地から離れた堂ノ沢遺跡への埋葬は、世代を超えて先祖や家族の一体性を確認する機会となっていたのではないかと思う。堂ノ沢遺跡に当初住み着いた人たちの墓がないのも、それ以前に住んでいた地で先祖の傍らに埋葬されたからなのかもしれない。

写真１　堂ノ沢遺跡で密集して見つかった墓穴

写真２　堂ノ沢遺跡の墓穴から出土した副葬品の土器

縄文時代晩期前半になって堂ノ沢遺跡への埋葬は行われなくなる。墓地は、そのときの居住地か、別の場所か、いずこかへと移った。おそらく、堂ノ沢遺跡に眠る先祖との一体感の確認に優先する何らかの事情があったのだろう。

ところで、日常生活の必要性から選択される居住地と、かつて先祖の居住地だったところにある墓地。この関係は、現代でもよく似た状況があるのではないだろうか。葬式や法事、お盆などでなければ訪れない遠くにある墓地。墓地がある地域は、先祖の生活の舞台だったところだ。墓地に眠る先祖がその地でどのように生きたのか、それを知る世代ではなくなっても、埋葬や供養のために訪れ、墓前で先祖や親戚の人たちとの縁を思い、家族の絆を再確認する。

近年は、現在の住まいに近いところへ墓を移したとか、合葬墓や墓じまいなど葬送に関する多様な話題を耳にする。生者の住居と死者の墓。現実の生活と目に見えない先祖との一体感。経済的事情と精神性…。堂ノ沢遺跡を遺した縄文人とそんなことを語り合ってみたくなる。［**谷地薫**］

第三章　弥生

第十九話　旅するアクセサリーの謎

紀元前三〇〇年頃、稲作農耕が西方から日本海沿いに東北地方北部まで広まった。弥生時代の到来である。一方、同じ頃の北海道では縄文時代以来の狩猟採集が続いたため続《ぞく》縄文時代と呼ばれている。両地域は生業形態の異なる世界だったが、そこを越境したモノがある。管玉《くだだま》だ。主に碧玉《へきぎょく》という緑色の石を素材にした円筒形のビーズで、連ねて糸を通し、首飾りにしたと考えられている。

この時期の管玉製作遺跡は九州から北陸にかけての日本海沿岸に多い。北海道・東北地方では製作遺跡は見つかってないが、集落遺跡や墓地遺跡からは千点を超える管玉の出土事例がある。

それらの石材を分析すると、ほとんどが北陸産の碧玉であることが分かった。どうやって運ばれたのだろう。

南東北では、碧玉の産出地であり管玉の生産地でもある北陸に近いほど出土数が多い。福島県会津地方の六遺跡から四〇二点、中通り地方の七遺跡から六十七点、宮城県仙台平野の四遺跡から四十二点が出土している。

会津の集団は生産地から管玉を大量に入手し、自分たちの分を確保して、余った分を隣接する中通りの集団に渡したのではないか。さらに中通りの集団も余剰分を仙台平野の集団へ渡したと想像できる。このように、原産地を中心にリレー形式にモノが数量を減らしながら流通する現象を、考古学では「離心減少モデル」という。

これに対して北海道・北東北は日本海側に偏って分布（図）する。加えて、北海道の道央～道南地方の七遺跡から百五十四点、津軽半島北端では二遺跡から三百六十七点と、生産地と遠く離れているにもかかわらず大量に出土している。逆に、より生産地に近い津軽平野南部では二遺跡から二十二点、さらに近い秋田県では横手市の手取《てとり》清水《しみず》遺跡から三点が出土したのみ（写真）だ。管玉は秋田〜青森県南部を飛び越えるように分布しており、離心減少モデルでは説明がつかない。異なる流通システムがあったようだ。

北海道や津軽半島の集団が北陸まで出向いて直接入手した可能性もあるが、これらの地域に由来する遺物は生産地の北陸では確認されていない。一方で、秋田や福島に特有のデザインの土器が佐渡を含む下越《かえつ》地方から能登半島にかけて出土しており、両地域の接触をうかがわせる。

私がたどり着いた仮説は、秋田の集団が管玉を北へ流通させる仲介役を担ったのではないかということだ。彼らは生産地まで赴いて管玉を入手するが、そのまま日本海沿いの北方へ持ち込み、何らかの対価を得た。管玉は自らを装うものではなく、対価を得るための交換物だったのではないか。

考古学は「有る」モノから何かを証明するのが基本だが、いま私は管玉が「無い」ことから仲介者の存在を考えている。この仮説を実証するには、仲介者が得た対価や、彼らが旅先

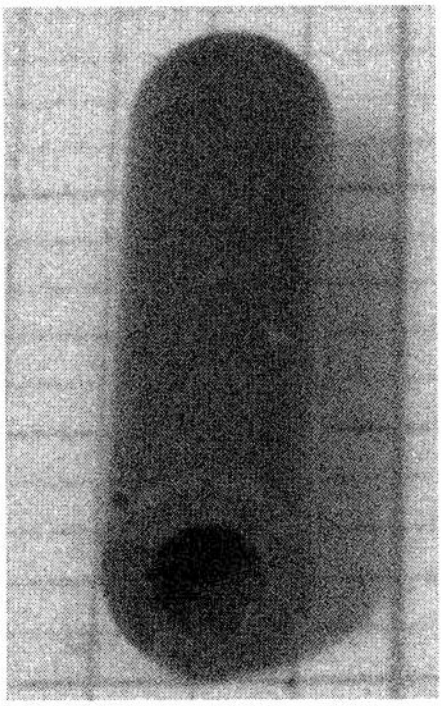

手取清水遺跡出土の管玉（直径0・22センチ、長さ0・94センチ）。

に残したモノを解明する必要がある。二千年以上前のアクセサリーの流通に秋田の弥生人がいかに関わったかを明らかにしたとき、本県の歴史に新たな一ページが加わるかもしれない。

［大上立朗］

第二十話　土器棺は伝える

発掘調査によって、忘れられた墓場の存在が明らかになることがある。もし墓が一つでも見つかれば、現在の集団墓地のようにまとまった数になることが多い。

一九九三（平成五）年、日本海沿岸東北自動車道建設事業に伴う三種町鵜川（旧八竜町）の館《たて》の上《うえ》遺跡の発掘で、弥生時代の土器棺墓《どきかんぼ》を調査する機会に恵まれた。同じ頃の墓は、秋田市御所野の地蔵田《じぞうでん》遺跡（国史跡）でも確認されている。

土器棺墓は二十四基見つかった。いずれも、土器がちょうど入るくらいの大きさの穴を地面に掘り、そこに土器を正位（底を下にした置き方）に埋設した状態であった（次頁、写真1）。棺に使われていた土器は、壊れそうな箇所に穴を開けてひもで縛って補強したり、ヒビ割れた所にアスファルトを塗って漏れ防止を施したりした痕跡があり、元は実用品として使われていたと見られる。

修繕の痕は、館の上の人たちがこの土器を大切に扱い、長い間使っていたことを物語っている。大型の壺や甕が多く、水などを入れる容器として使っていたのかもしれない。ほとんどの土器の底に穴が開けられているのは、実用品を非実用的な棺に転換するためなのであろうか。骨は見つからなかったものの、玉《たま》や石鏃《せきぞく》といった副葬品が出土（次頁、写真2）したことから、墓と判断することができたのである。

写真1　館の上遺跡出土の土器棺の数々。穴は観察用

現代であれば、遺体は火葬された後、親しい人たちが骨を拾って壺に入れ、お墓に納められるのが一般的だろうか。館の上遺跡の土器棺にも骨が入れられていたのだろうが、酸性土に溶けてしまったと考えられる。焼けた骨であれば溶けずに残っただろうに…。土器棺墓の近くには、同じ時期の土坑墓《どこうぼ》（地面に掘った穴に遺体を納めた墓）がある。遺体のまま土坑墓に納め、肉体が腐朽した後に掘り返して骨を拾い集め、土器棺に納め直したのかもしれない。

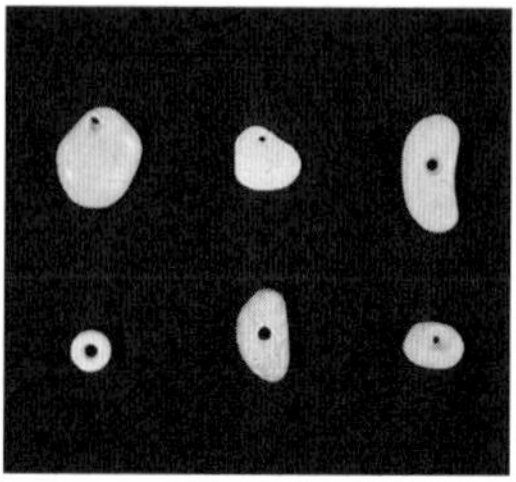

写真1　土器棺から出土した玉類

土器棺には遠賀川《おんががわ》系の土器が使われている。遠賀川系という呼び方は、文様や形が九州地方の遠賀川式土器に似ていることに由来する。九州で作られた土器が館の上遺跡まで直接運ばれたとは考えにくい。文様や形状が西日本から東日本に伝わったということだろう。

土器棺に使われた遠賀川系土器は、地元の土器製作者が自分たちの慣れ親しんできた土器とは異質な土器を目にし、それをまねて作ったのではないか。縄文土器の伝統である縄目文様と九州地方のデザインが一つの器に融合して施されているのを見ると、製作者が異文化を受け入れる際に抱いた心の葛藤と、彼らの柔軟性まで感じることができる。思い入れの強い、特殊な土器であったからこそ大切に長い間使い込み、棺として未来永劫に使い続けることにしたのだろう。

土器棺は、忘れられた墓場の位置を私たちに教え、調査を促してくれたように思えてならない。製作者や使用者の思いが詰まった土器を墓から取り上げたからには、この墓場のことを未来へ向けて語り継いでいかなければという思いを新たにする。そう考えていると、現在の三種町の斎場が、館の上遺跡のすぐ眼下にあることが偶然に思えなくなったりもする。

［磯村亨］

第四章　古代

第二十一話　秋田に古墳はある?

秋田では「古墳時代の古墳」はいまだ見つかっていない—。持って回ったような言い方だが、本県の古墳を説明する際にしばしば用いるフレーズである。

一般に「古墳」といえば前方後円墳をイメージするのではないだろうか。四世紀ごろ、畿内を中心に全長百メートルを超える大規模な前方後円墳が造られ、九州から東北地方南部にまで広がった。共通するのは外形だけではない。棺を収める石室《せきしつ》の形状や、銅鏡・玉など副葬品の種類、墳丘に並べられた埴輪《はにわ》なども共通する。

畿内に強大な勢力を張った大和王権を中心に、権力者の巨大な墓をつくることで政治的・宗教

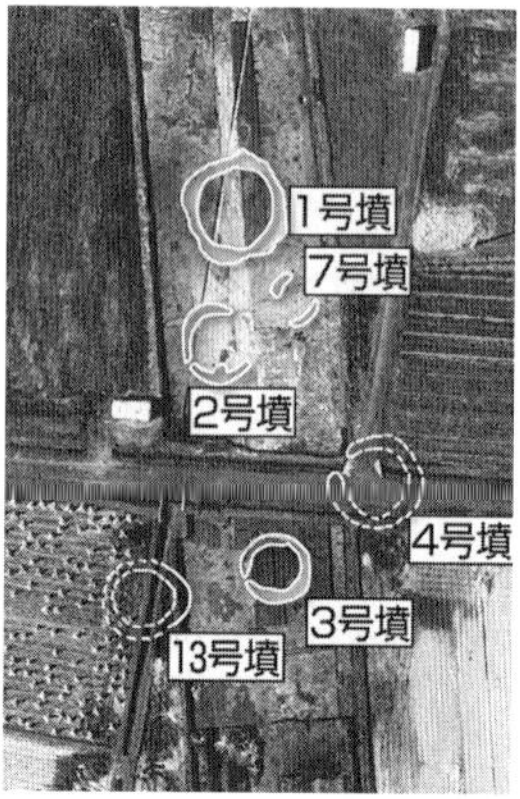

空から見た蝦夷塚古墳群。墳丘部は残っていないが周溝が18ケ所確認された

的な権威を示そうという意図が共有されたのだろう。古墳時代の幕開けである。五世紀になるとさらに古墳の大型化が進み、分布は岩手県奥州市まで北進する。しかし、これまでのところ秋田県内で前方後円墳は確認されていない。

県内ではそもそも古墳時代の遺跡数は少なく、当時の様子があまり明らかになっていない。ようやく近年、横手市教育委員会によって同市内の古墳文化の集落跡がまとまって発掘調査され始めている。しかし、それらの遺跡の存続期間は長くない。稲作を生業とする古墳文化が定着しなかったと思われる。気候が寒冷化したことと関係があるのかもしれない。

従って、古墳時代の墓は古墳ではなく土坑墓《どこうぼ》だ。興味深いことに、能代市寒川《さむかわ》Ⅱ遺跡や横手市田久保下《たくぼした》遺跡では土坑墓の中から北海道と近畿、つまり南北それぞれの文化の土器や副葬品が一緒に発見されている。北の辺境にある秋田の歴史の独自性を物語っている。

実は県内にも「古墳」はあるのだが、古墳時代より新しい奈良・平安時代のものだ。五城目町の岩野山《いわのやま》古墳群（県史跡）や横手市の蝦夷塚《えぞづか》古墳群（前頁、写真）、羽後町の柏原《かしわばら》古墳群などで、これらは「末期古墳」と呼ばれる。畿内ではもはや古墳が築かれなくなっていた。

八世紀、東北地方へ進出した古代国家によって秋田城や雄勝城などの支配拠点が造営されるとともに、古墳時代には少なかった集落が県内で急激に増加する。この流れの中で古墳が出現する。こうした古墳の形状は直径六～七メートルほどの土饅頭《どまんじゅう》で、外周を溝（周溝《しゅうこう》）が取り囲んでいる。こうした古墳の形態は、畿内の古墳時代終末期（六世紀頃）にみられる群集墳に似ている。墳丘中には被葬者の遺体とともに鉄刀や帯金具《おびかなぐ》、勾玉《まがたま》など、国から下賜《かし》されたと思われる副葬品が納められている。被葬者は国家の統治に力を貸した在地の有力者だったのではないか。

秋田では畿内から一時代遅れて、権力を誇示するような豪華品を墓に納め、墳丘を盛り上げるという、まるで「古墳時代の古墳」のような墳墓が築かれたのである。古墳時代以来「辺境の地」に位置する秋田には、中央とは違った、地域特有の歴史が展開していたようだ。

［**髙橋和成**］

第二十二話　窯跡にみる職人魂

古代の人々が使っていた器の一つ、須恵器《すえき》（写真1）。縄文土器や弥生土器、土師器《はじき》が野焼きで作られたのに対し、須恵器は傾斜地をトンネル状に掘るなどして窯を築き、千百度前後の高温で焼いた硬質な器である。坏《つき》と呼ばれる飲食物を盛る浅い器から、甕や壺などの大型の器まで種類はさまざま。その須恵器を焼いた窯跡の発掘調査はとても大変だ。

写真1　平安時代の須恵器の甕（高さ25・7センチ、大仙市北楢岡の沖田遺跡出土）

なぜかというと、窯跡は灰原《はいばら》（次頁、写真2）と呼ばれる須恵器の捨て場を伴い、足場を埋め尽くすほどの大量の須恵器が出土するからである。掘っても掘っても出てくる須恵器。これらは窯で焼き上げる時にひび割れたり、ゆがんでしまったりして投げ捨てられた使い物にならない失敗品、いわゆる「産業廃棄物」だ。当時の人々にとっては不要なものだが、考古学者にとっては須恵器生産の様子を知る大きな手がかりである。成功品は生産した場所の外へ持ち出されてしまうため、窯場でどのようなものを作っていたのかは、この廃棄物から読み解く必要がある。

東北横断自動車道秋田線建設のための緊急調査で一九八八（昭和六十三）年に発掘した竹原《たけわら》窯跡（横手市平鹿町上吉田）では、奈良時代から平安時代にかけての須恵器窯跡六基が見つかった。窯の中に堆積した焼けた土や炭の状況を詳細に分析することによって、窯の天井や床面を何度も造り替えていることが判明した。床面の数（枚数）で操業の回数が分かり、最も多いのは五号窯の十一枚。一つの窯で最低でも十一回の焼成が行われていた。

写真２　竹原窯跡の灰原。須恵器の破片が折り重なる

出土した須恵器は日用品が多く、古代の役所でよく出土する硯や、四つの取っ手を付けた四耳壺《しじこ》と呼ばれる特殊な形の壺も含まれる。役所向けの器であれば、それなりの完成度が求められただろう。それゆえ失敗作も多かったのか、竹原窯跡では十三カ所もの灰原が形成された。

須恵器生産で最も大切なのは、焼き上げ時の最終段階。窯の中の焼成温度によって焼きゆがみが生じてしまうが、当時は簡単に温度調整できるものではなかった。ゆがんでしまった須恵器を見た職人たちは、さぞや残念な気持ちだったに違いない。

しかし、折り重なるように出土する失敗品や繰り返し焼成が行われた窯の様子からは、失敗から成功への糸口を見つけ、何度も挑戦する職人の姿が浮かび上がる。きっと、さまざまな場面でのこうした先人の試行錯誤が、現代の技術へとつながっているのだろう。

竹原窯跡の出土遺物は県埋蔵文化財センターで、窯の断面を剝ぎ取った標本は県立博物館で見ることができる。実物を見ながら、須恵器生産に励む職人の姿を思い浮かべてみませんか。

［小山美紀］

第二十三話　平安時代の田園風景

「調査終了後、遺跡はどうなるんですか？」。発掘調査を担当していると、見学者にこう問われることがある。

「埋蔵文化財センターは、道路やダム建設といった公共工事で壊されることになる遺跡について、その場所に何があったのかを記録保存するための発掘調査を行う機関です。なので調査が終われば工事が始まり、遺跡の現状が変更されることになります」。これが模範的な回答になろうか。だが、これまで埋蔵文化財センターが実施した約五百件の発掘調査の中には、調査終了後も工事が行われず、現状が変更されなかった事例がいくつかある。

二〇〇一（平成十三）年八月三十一日付の秋田魁新報朝刊に、「本荘市の横山《よこやま》遺跡で水田跡発見」「平安時代では国内最北」の大きな見出しが躍った。県立大学本荘キャンパスの北側に広がる水田地帯（現由利本荘市福山字横山）で、平安時代の田園風景が掘り起こされたのである。

現在の田んぼの下に、昔の田んぼが埋まっていることは珍しいことではないが、約千年前の田んぼとなるとかなり珍しい。田んぼの近くからは、水路跡（次頁、写真）、竪穴住居跡、掘立柱《ほったてばしら》建物跡なども見つかった。水路跡の法面《のりめん》には、護岸のために矢板が打ちこまれていたり、水際まで下りるための階段が造り付けられていたり、当時の田園風景を彷彿とさせる発見が相次いだ。

なぜ千年前と言えるのか。それを証明したのは、田んぼや畦畔《けいはん》を覆っていた火山灰である。西暦九一五（延喜十五）年に噴火した十和田火山から直接飛んできたものと確定できたからだ。さらに、見つかった矢板などの木材や炭化米の年代測定、土壌の花粉分析なども行い、遺跡の年代

手前を斜めに横切る溝が平安時代の水路跡。右側は畦畔で区画された田。奥は県立大本荘キャンパス

や稲作が行われていたことも確実なものとなり、県内外の埋蔵文化財担当職員や研究者から高い評価が得られた。

古代史の専門家である新《にい》野《の》直吉《なおよし》秋田大学名誉教授は、「歴史学上意義深い遺跡だ」と評された。一般公開の前々日には記者発表を行った。その結果、先述の記事となり、テレビニュースでも放映された。公開当日は五百人を超える見学者が訪れた。

一般公開に参加した県民の一人からは、「調査した後は壊してしまうこれまでのやりかたを改めるべきである。残すべき価値のある遺跡は英知を出し合い、ぜひ秋田県の史跡として保存し、活用できるようにしてもらいたいものである」と魁紙に投稿があった。

圃場整備工事により平安時代の田園風景が失われる予定であった横山遺跡は、関係者が英知を出し合った結果、発掘調査が終わった状態で埋め戻されることになった。予定されていた工事は行われず、地表面は青々とした草が生い茂る平坦地となっている。いま私たちの目の前に広がる秋田の田園風景。その原型を形作ったのであろう平安時代の水田は、県指定史跡としていまも地下に保存されている。

［磯村亨］

第二十四話　無形の祈りの「形」

見るからに禍々《まがまが》しい―。能代市樋口《とよぐち》遺跡から出土した平安時代の灯明皿《とうみょうざら》（次頁、写真１）を見て、そんな印象を持った。ほかにも斎串《いぐし》などの祭祀具《さいし》が出土している。この遺跡は人々が明かりをともしつつ厄払いなどを行った場所のようだ。油煙《ゆえん》や煤《すす》がこびり付いた灯明皿には、祈る人々の鬼気迫る場の空気まで封じ込まれているようである。

奈良・平安時代には律令国家が秋田の地にまで入ってきて、道教《どうきょう》や陰陽道《おんみょうどう》などに関わる祭祀を持ち込んだ。県内の遺跡を発掘すると、秋田城跡《あきたじょうあと》（秋田市）や払田柵跡《ほったのさくあと》（大仙市・美郷町）など、古代の役所を中心として律令祭祀具が多く出土する。

写真1　樋口遺跡出土の灯明皿。左奥の器は使用後、底に穴が開けられたか。左手前の器は熱で器面がはじけたようだ

払田柵跡に隣接する美郷町厨川谷地《くりやがわやち》遺跡から出土した木簡には、「殃王《えんおう》鬼《き》急々如律令《きゅうきゅうにょりつりょう》」の文字が書かれている（次頁、写真2）。「急々如律令」は中国に由来する言葉で「律令に従ってすみやかに対処せよ」の意味だが、転じて「願いが早くかないますように」という祈りの言葉になった。文頭の三文字は「悪鬼よ、いなくなれ」ほどの意味。

では、古代の人々は何を祈ったのだろうか。答えになりそうなものは当時の史書をひもとけば見つかる。例えば大地震。出羽国（現在の秋田・山形）では九～十世紀に大きな地震が幾度か起き、津波も発生したことが記されている。鳥海山や十和田火山、朝鮮半島の付け根付近にある白頭山《はくとうさん》の大噴火もあった。遺跡を発掘すると、文献を裏付けるように地震や火山などの災害痕跡を見いだすことができる。

また、払田柵跡周辺の遺跡を調査すると大洪水が一帯に発生したことが分かる。洪水は他にも志波城《しわじょう》（盛岡市）など古代の役所周辺でたびたび発生した。人々は役所や集落を築造するために、また生活に必要な燃料確保のためにたくさんの木を伐採した。その結果、保水力を失った山地で土砂崩れが起き、洪水が発生しやすくなった。九世紀以降の気候温暖化による地下水位の上昇等がこれに拍車をかける。そして、災害は疫病の流行を誘発する。平安京といった都市部はもとより、出羽国でも疫病の記事が散見される。

祭祀具は、災害に遭遇した人々の「元の生活に戻りたい」という願いが具現化したものだろうか。他にも戦乱や、文献・遺跡に残されていない辛苦もあっただろう。ただ、ひたすら神に祈るふるまいは、途方に暮れるような災害を目の当たりにしたためと考えてみたくなる。冒頭の樋口遺跡では、祭祀具が出土した地層から十和田火山や白頭山の火山灰が見つかっている。

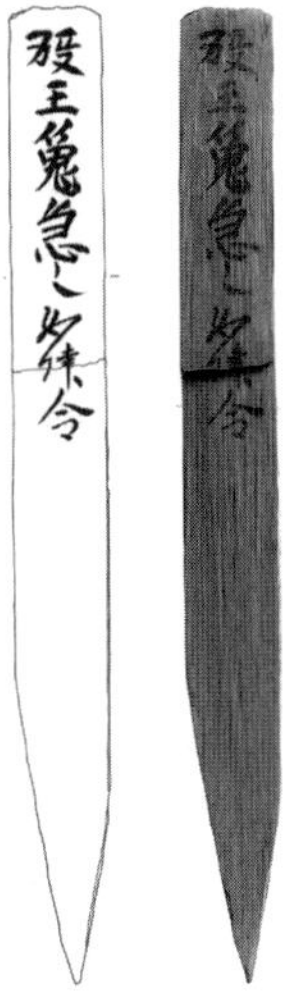

写真2　厨川谷地遺跡出土の木簡（長さ50センチ）。地面に突き刺し、依り代にしたか。使用後に中心が折られたらしい。左は実測図

千年ほど前に人々の暮らしを襲った地震、火山噴火、疫病などは今も私たちの生活を脅かす。私たちの祖先は何度もそうした危機に直面しつつも秋田での歴史を途絶えさせることなく、たすきをつないできた。埋蔵文化財は、先人の苦しみや再起への願い、そうした形にならないものまでも今に伝えている。

［**吉川耕太郎**］

第二十五話　鉄づくりの村

二〇〇〇（平成十二）年、埋蔵文化財センター専門職員に採用されて二年目となる二十六歳の春、琴丘町鯉川（現三種町）小林《こばやし》遺跡の発掘調査主担当となった。男鹿半島を遠望できる標高六十メートルの丘陵上。日本海沿岸東北自動車道建設に伴う調査である。調査期間は四月末から十月末の半年間、調査総面積は一万四千三百平方メートル、調査員は私の他に非常勤職員を含む十人、作業員百人を超す大所帯だ。広大な面積、多くの人員、限られた調査期間。調査に入る前からプレッシャーに押しつぶされそうになる。

予備調査によって平安時代の集落跡であることは分かっていた。しかも製鉄・鍛冶作業に関連する集落だと予測された。掘ってみると、製鉄で生じる鉄くずが大量に出土し、特に濃密に出た場所から二・五メートル×一・五メートルの半地下式製鉄炉が姿を現した。原料の砂鉄を入れて溶かす炉体部と、作業場で構成されている。

調査区の中央部からは一辺四メートルほどの竪穴住居跡がいくつも確認され、住居跡の内部や周辺には鍛冶炉が設けられていた。製鉄炉から取り出した鉄素材を、鍛冶炉で製品に仕上げたのだろう。遺跡からは鉄製の刀や矢尻《やじり》、釣り針、鈴、槌《つち》（ハンマー）などが出土した。さらに、調査区の南北端の炭が密集している場所を掘り下げていくと、炭窯が並んで見つかった。

予測通り、平安時代（十世紀）の鉄づくりの村だった。最終的に竪穴住居跡十一棟、掘立柱《ほったてばしら》建物跡三十三棟、製鉄炉三基、鍛冶炉十五基、炭窯跡二十基などが確認された。これら遺構の位置を平面図に落としていくと、集落中央の平坦部に住居や鍛冶工房（写真1）、その東側に製鉄炉、外縁の尾根上に、燃料を生産する炭窯が配置されていた。今から千百年前の山上で営まれた古代集落で、動線が交錯しないようシステマチックに作業場が配置（次頁、写真2）されていたのだ。

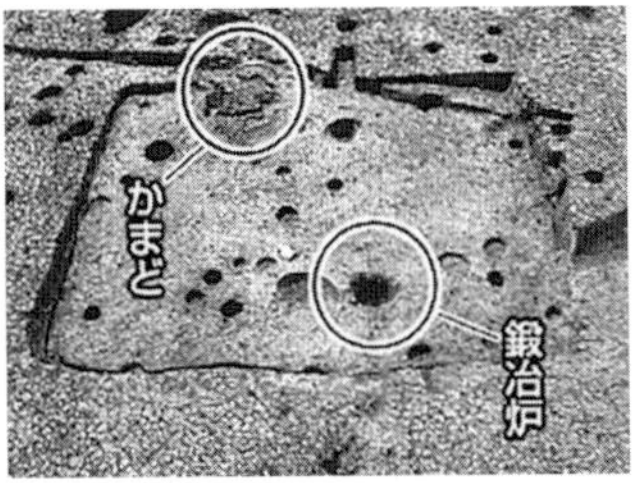

写真1　小林遺跡で確認された平安時代の鍛冶工房跡

集落の南西側には大きな建物跡があり、東濃《とうのう》（美濃東部＝岐阜県南東部）産の灰釉《かいゆう》陶器や中国産の青磁が出土した。県内の古代集落からはあまり出土しない貴重品である。この建物は、鉄生産が東北地方北部へ普及していく中で、地域住民への技術移転を指揮した、国家側の官人に関わるものかもしれない。

こうした古代へのイメージの膨らみとは裏腹に、小林遺跡では発掘と

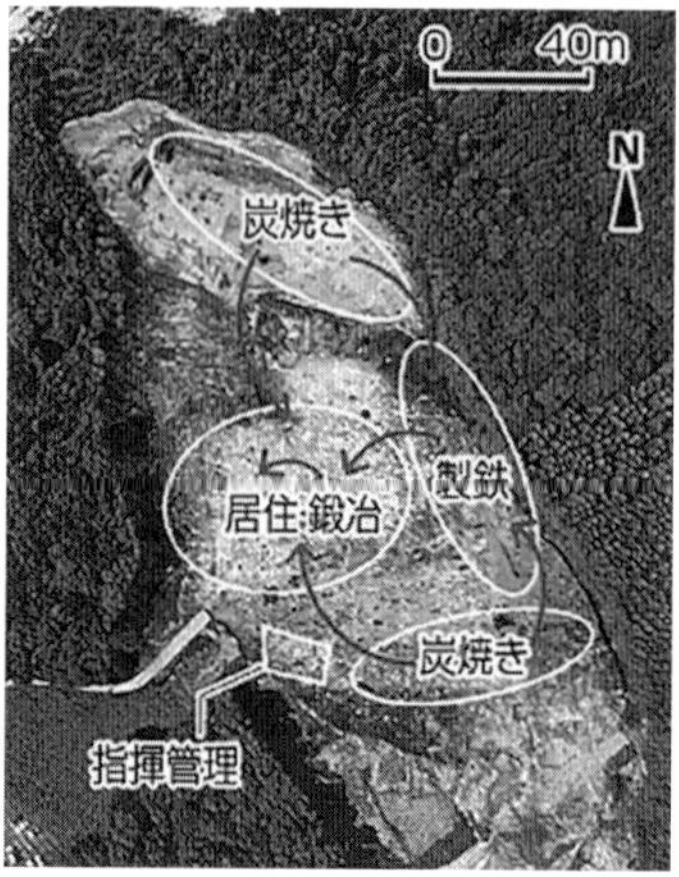

写真2　小林遺跡にみる作業配置。動線が交錯しないよう考えられていた

同時に道路建設工事が進められていた。調査区が工期ごとに分割され、期限が来るたびに南側から重機で掘削され、失われていく。遺跡が失われる前にしっかりと記録を取っておかなければ…膨大な遺構と遺物を前に、焦りが募る。

毎夕、現場作業が終わると事務所でミーティングし、調査工程の見直しや成果を確認し合う。時として激しく言い合うこともある。それもこれも、より良い調査をしたいとの一心からだ。

無事に発掘調査の終了日を迎えた夕刻、男鹿半島を抱く空が見たこともないほど深紅に染まった。半年間の苦労が吹き飛ばされる。古代人も日々の労働の後に眺めたのだろう、その壮絶なまでに美しい夕景を、調査の最後になってやっと、時を超えて共有できた気がした。

［吉川耕太郎］

第二十六話　十和田火山は伝える

九一五（延喜十五）年八月、比叡山延暦寺《ひえいざんえんりゃくじ》の僧侶が残した歴史書の紙背《しはい》（紙の裏側）に、出羽国での異変がメモ書きされている。日本列島における有史以来最大の噴火、五十億トンを超えるマグマが噴出したとされる十和田火山の噴火は、平安時代に秋田で起きた大災害である。いまに伝わる八郎太郎伝説は、この出来事をなぞらえたものといわれる。

それから千百年後の二〇一五（平成二十七）年十一月。大館市比内町の片貝家《かたかいいえ》ノ下《した》遺跡で大きな発見があった。遺跡全体が十和田火山の噴火による泥流に埋没していることが判明したのだ。米代川流域では、しばしば地中から建物の痕跡が見つかる。この時の調査では、竪穴建物の屋根が立ったまま埋没した痕跡を発見した。これは日本初のことで、全国から注目を集めることとなった。

十和田火山の泥流は米代川からあふれ出し、周辺の低地へ流れ込んだ。水が引いた後は軽石を含む火山灰混じりの泥だけを残し、やがて厚さ数メートルにも及ぶ火山泥流堆積物が形成された。これが地質学的にいう「ラハール」、地域住民からは「シラス」と呼ばれている硬い地盤だ。

写真1　片貝家ノ下遺跡の水田と畦畔跡

写真2　水田跡に残っていた足跡（破線内）

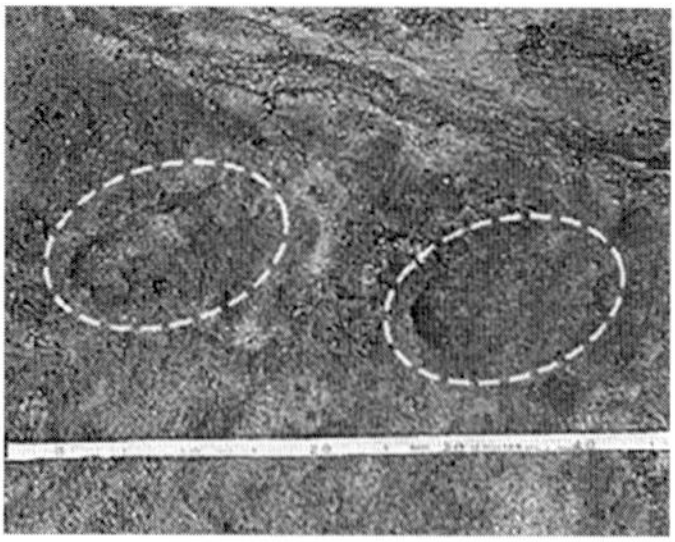

重機で掘削すると、シラスの下から水田の畦畔《けいはん》跡（写真1）が出現した。水田は方形に区切られ、土壌となる粘土層には平安時代人の足跡（写真2）が残っていた。長さは約二十三センチ。発掘調査で足跡が見つかることは極めて珍しく、ここでは火山泥流により覆われたため、そのまま土中に残されていたのだ。

遺跡では二〇一七（平成二十九）年度以降、地面に電磁波を照射し、地中からの反射を捉えることで内部の状況を把握する地中レーダー探査が続けられている。これにより多数の竪穴建物跡や、周囲に溝を巡らせた高まりが集中する区域を確認した。古代東北地方によくみられる周溝墳丘墓《しゅうこうふんきゅうぼ》の墓域があったと想定される。ここは多くの人が暮らす集落だったのだ。建物をなぎ倒さない程度の緩やかな泥流だったとはいえ、住み慣れた家も水田も火山泥流に埋まってしまった。変わり果てた風景の中、厳しい生活があの足跡の主を待っていたに違いない。

片貝家ノ下遺跡は、集落と周辺の水田が当時のまま奇跡的に残された遺跡である。竪穴建物の屋根痕跡、田面の足跡や地面の凹凸までもがそのまま保存され、調査が進めば、集落の景観を高い精度で復元することができる。県北地域における平安時代の暮らしを知る大きな手がかりとなるのは間違いない。

低地にある片貝家ノ下遺跡では、再び集落が営まれることはなかった。災害を機に米代川流域の台地上で遺跡数が増加することから、人々は流域の高台へと移り住んだと考えられる。大災害は伝説として語り継がれ、厚いシラスの上では今も日常が繰り広げられている。だが、災害は決して他人事ではない。そう強く考えるきっかけとなったのが、水田から現れたあの足跡だった。

［小山美紀］

第二十七話　埋まらない窪み

埋蔵文化財は土地に埋まっていて地表からは見えないため、その存在は基本的には掘ってみないと分からない。しかし掘らなくとも分かる埋蔵文化財がある。

一つは城館《じょうかん》跡。土塁《どるい》や空堀《からぼり》などの遺構が地形として現代まで残っていることがある。もう一つは、埋まりきらない住居跡。秋田県の住居は縄文時代から中世ごろまで、地面を掘り込んで屋根を掛ける半地下式のいわゆる竪穴住居が主流であった。その住居が使用されなくなった後、放置されて竪穴部分が窪みとして現在まで残っているのである。このような窪みは北海道で多く確認されている。冷涼な気候のもとでは植物などの有機物の分解が進まない。つまり、腐葉土の発達が弱いため、埋もれにくいと考えられている。

本県にも埋まらない住居跡が存在する。その一例は仙北市西木町上桧木内にある高野《たかの》遺跡（次頁、写真1）である。桧木内川と浦子内《うらしない》沢に挟まれた標高三百〜三百二十メートルの舌状台地上にある窪み（94頁、写真2）の存在は古くから知られていた。窪みは全部で六十五カ所あることが分かっている。一九二六（大正十五）年に郷土史家の深澤多市《ふかざわたいち》氏によって、また八七、八八（昭和

六十二、六十三）年に当時の西木村教育委員会により発掘調査が行われ、平安時代の住居跡であることが確認されている。二〇一一（平成二十三）年には埋蔵文化財センターによって住居跡二棟の発掘調査が行われた。

　竪穴住居跡は多くの場合、後世に上部が削られ、平らな状態で見つかる。だが、高野遺跡は平安時代の地表面が残り、竪穴を掘った際に出た土が周囲に高さ十〜二十センチほど盛られていることも分かった。住居の床面は当時の地表から約一メートルの深さであった。

写真1　高野遺跡全景

　発掘した二棟のうち、一棟は約五・五メートル四方の正方形で、広さは約三十平方メートル。畳十八〜十九枚分と意外に広い。床の四隅に屋根を支えるための柱穴があり、南東の壁際からはカマドが見つかった。竪穴周囲に盛られた土は、東側の隅にだけは盛られておらず、壁際には小さな柱穴があった。つまりそこが出入り口で、柱穴は扉やはしごなどの部材を支えるためのものだったと推測できる。

　もう一棟はさらに広く、推定約五十七平方メートル。住居内に堆

写真2　平安期の竪穴住居の形が残る高野遺跡の窪み

積した土の中に、壁と思われる板材が立って見つかった。このことから、規模を一回り小さくする建て替えが行われたと考えられている。板材が炭化していることや、堆積土に炭化物や焼土が多量に含まれることから、建て替え後の住居は火災によって廃絶したと推測される。

このように高野遺跡の住居跡は保存状態が良く、考古学的な情報が豊富である。とりわけ住居を築いた当時の地表面が残っていることは、建物の規模や構造を知る上で貴重だ。

埋まらない住居跡の存在は、その土地が地形の改変を伴う開発などにさらされていないことを意味し、そこに古代の生活が眠っていることを示している。山野に見られるその窪み、古代人が掘った跡かもしれない。

［**髙橋和成**］

第二十八話　文字と祓いの痕跡

奈良時代以降の本県の遺跡では、文字の書かれた遺物が出土することがある。横手市手取清水《てとりしみず》遺跡もそのうちの一つだ。一九八七（昭和六十二）年に秋田自動車道建設に伴って発掘調査され、平安時代の木簡《もっかん》一点（次頁、図）、墨書《ぼくしょ》土器百三十二点が出土した。遺跡の中央部に湧水点があり、当時はそこから湧き出た水が幅十メートル以上の川となって流れ出ていたようだ。木簡と墨書土器は湧水点に近い川岸の二カ所からまとまって出土した。

木簡（長さ二十八・七センチ）には男六人、女十二人の氏名が列記されていたらしい。丸子部、日《ひ》置《おき》、津守部《つもりべ》、物部《もののべ》、蝮王《たじひ》部、日奉《ひまつり》など人名の一部が読み取れる。日奉氏、日置氏は宮廷の太陽祭《さい》祀《し》に関係する氏族である。「飯」の文字も見え、この木簡は祭祀に関わった人々への飯などの支給記録と推定される。

墨書土器は、文字が判読できた六十九点の中では、蝮十一点、王九点、占十点が目立つ（97頁、写真）。他に日、主日、井、酒などがある。木簡の人名と合わせてみると、蝮と王は蝮王部の一部、日は日奉または日置の一字だろう。占は、祭祀をつかさどる職名や氏族名である占部《うらべ》のことだろ

手取清水遺跡出土の木簡両面の実測図と釈文

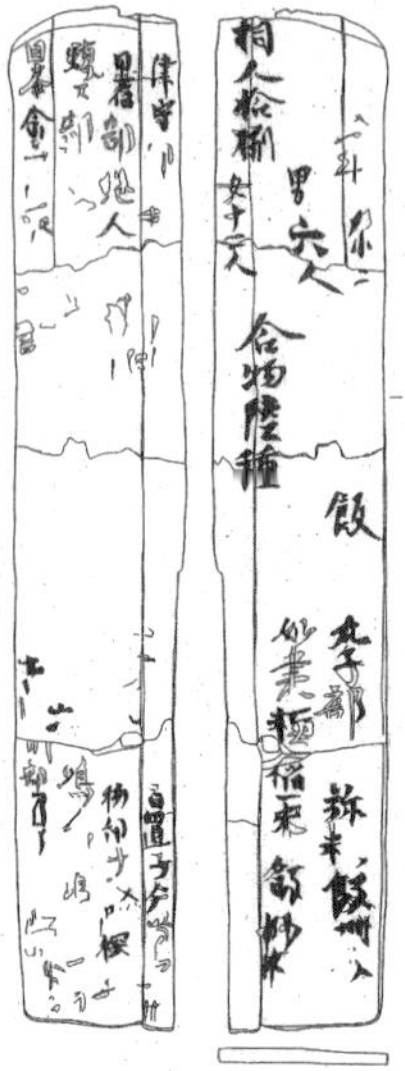

「□□□□　□□　□　飯　丸子部　□祢□飯卅□
　　　　男六人　　　　　　妙〔鶉カ〕□□稲一□　飯□□
桐人拾捌　女十二人　物陸種　　　　　　」

「津守部□□　□　□□□□　日置子□□□」
□□部継人　□　　　物部□□□□□□
蝮王部□□□〔人カ〕　□□　［　　］
日奉舎□□□□　□□［　］［　　］

※釈文は、三上喜孝氏による。
（長さ三八、七センチメートル）

うか。多くが人名の一部と思われる。墨書土器はそれほど破損しておらず、完形品に近いものが多い。

古代日本ではさまざまな「水辺の祭祀」が執り行われていた。諸々の禍《わざわい》を引き起こす穢《けが》れを水に流す「祓《はら》い」もその一つである。払田柵跡《ほったのさくあと》の近く、厨川谷《くりやがわや》地《ち》遺跡では、穢れを封じ込めて流したと思われる墨書土器が、河川跡から出土している。手取清水遺跡も湧水点近くの川岸で祓いを行う場所だったと考えられる。破損が少ない墨書土器からは、穢れを封じた土器を川岸からそっと流す情景が目に浮かぶ。土器は沈んでも穢れは流れていくのだろう。

ところで、手取清水遺跡の近く、横手市黒川地区に「余《あまる》目《め》」の地名がある。似た地名は大仙市や山形県はじめ全国に点在し、もともとは古代の余戸《あまりへ》に由来する。七〇一（大宝元）年に大宝律令が制定されると、郡の住民は五十戸で一里に編成された。このとき余りの戸が出れば、少数の戸を余戸として独立させ、国・郡・里制が施行され、郡の中心地から離れた人口の少ない所に置くこととされた。

手取清水遺跡の場所は、当時の平鹿郡の余戸の近く、つまり郡境に近いところだったのである。水辺で流された穢れは、湧き出る清水によってほどなく平鹿郡の外へと流れ去る。

木簡、墨書土器に記された多数の人名は、祭祀にさまざまな人々が関わっていたことを物語る。彼らは、郡内各所の穢れを土器に封じ、郡外に流し去る祓いを担った人たちだったのではないだろうか。郡を挙げて執り行われたとすれば、郡の役人も加わっていただろう。主日と記された墨書土器は、郡役人の「主政《しゅせい》」や「主《しゅ》帳《ちょう》」を務める日置氏または日奉氏が流した器だったのかもしれない。

［谷地薫］

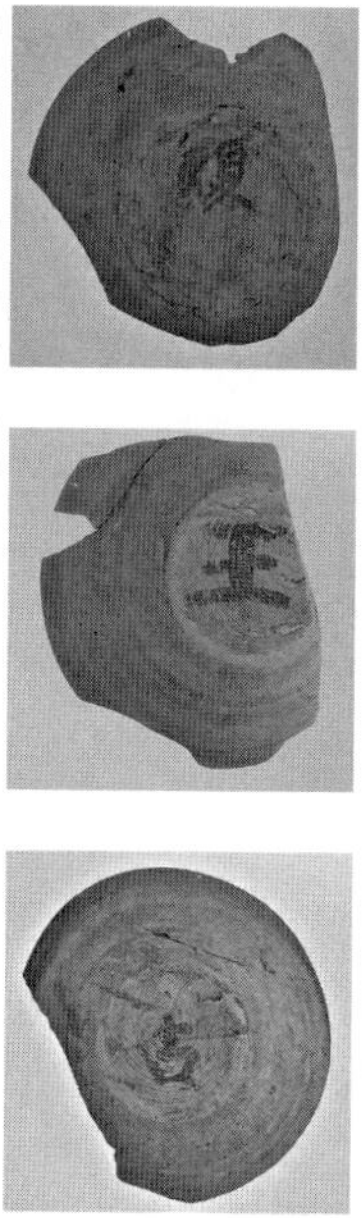

手取清水遺跡出土の墨書土器

第二十九話　消えた払田柵外柵

埋蔵文化財センターの前を東西に通る県道五〇号。路面の二カ所に、斜めに青い点線が引かれている（次頁、写真1）。この点線は道路標示ではなく、国史跡払田柵跡《ほったのさくあと》の外柵《がいさく》が埋まっている位置を示している。点線に挟まれた区間の県道（次頁図中の円内）は、外柵の内側を通過しているのだ。

払田柵跡は、真山《しんざん》と長森《ながもり》という二つの丘陵を大きく囲む外柵と、長森だけを囲む外郭線《がいかく》からなる。長森の中央には政庁があり、平安時代、京の都から派遣された官人が天皇の代理として儀式を執り行った。地方を鎮めるために派遣された鎮兵《ちんぺい》という軍隊の基地でもあった。

創建は、年輪年代測定法により八〇一（延暦二十）年、終末は出土土器の年代から九〇〇年代の後半と考えられている。この間、主要な施設は数十年ごとに建て替えられた。一方で、外柵とその東西南北の四門だけは、建て替えられた形跡がなく、いつしか消滅してしまったようだ。外柵はいつまで存在していたのか。払田柵跡の大きな謎だった。

一九九四（平成六）年、県道拡幅に伴い、埋蔵文化財センターは県道と外柵が交差する部分の発掘調査を行った。このとき、外柵の謎に迫る有力な手掛かりが得られた。外柵が朽ちて倒れた跡地に堆積した粘土層から、「横瓶《よこべ》」という横長の壺の破片が出土したのである。この壺は八〇〇年代前半の製作と推定された。横瓶が使われた期間を考慮しても、外柵の消滅は八五〇年を過ぎたころということになる。最近の研究では、八三〇年ごろまでに製作された品とされているので、外柵は建築から三十〜四十年後には消失していたと推測される。

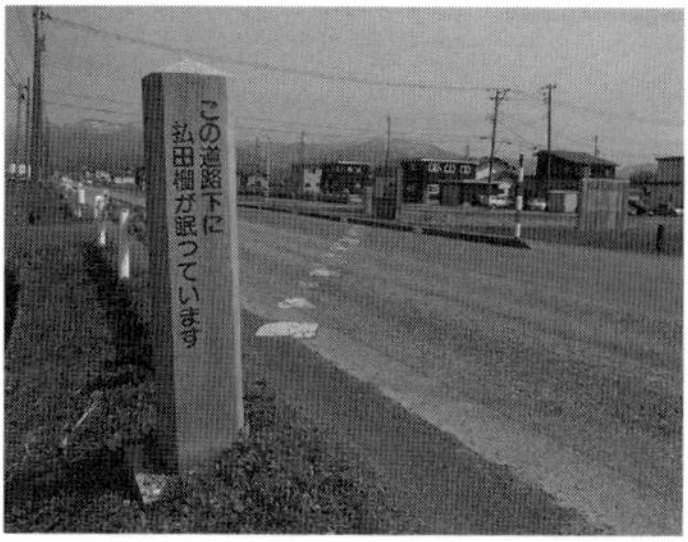

写真１　払田柵外柵を示す県道上の点線

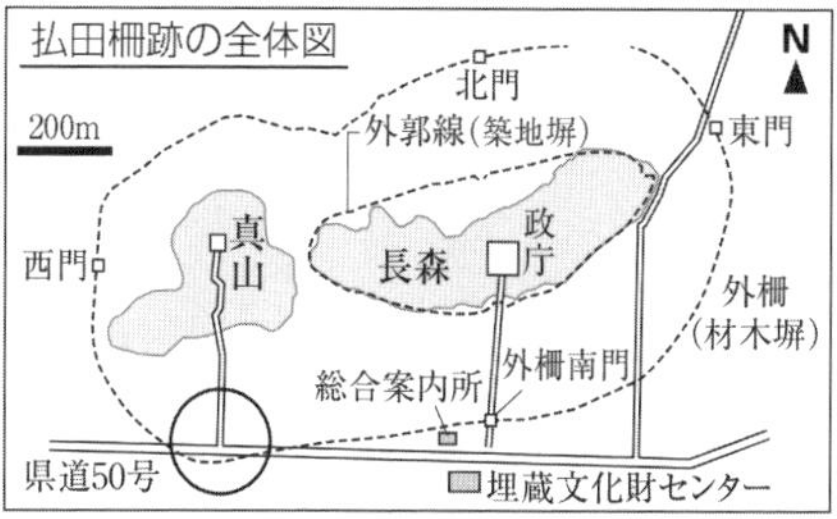

現在の払田柵跡には外柵の一部と外柵南門が復元されている（次頁、写真２）。復元にあたっては平安時代の工法が採用され、一九九二（平成四）年に着工、九四（同六）年に完成した。外柵は三十センチ角の角材を隙間なく立て並べて頑強に見えるが、二〇一四（同二十六）年四月、低気圧による強風で根元から折れて倒れてしまった。地表すれすれの部分が特に腐朽していたのだ。南門も傷みが進み、直径六十センチもあるアオモリヒバ材の門柱にも

写真2　復元された払田柵外柵と外柵南門

腐朽が見られるようになった。そこで二一（令和三）年度から二二（同四）年度にかけて補修工事が行われた。

発掘調査から推定される外柵の存続期間が三十～四十年、平安時代の工法で復元された外柵と南門の実際の耐久年数が二十～三十年。これらのことから、払田柵では八三〇年ごろには外柵と四門の腐朽が進み、外柵の一部は既に倒れていたのではないだろうか。

八三〇（天長七）年一月三日、秋田を大地震が襲う。秋田城ではほとんどの建物が倒壊し、多くの人々が被災した。老朽化した払田柵の外柵と四門にも、とどめを刺すがごとき被害があったことだろう。震災後、秋田城の復興は着実に行われたようだが、払田柵の外柵が再建されることは、ついになかった。

こんな運命の外柵をまたいで毎朝、私は通勤している。［谷地薫］

第三十話　いろは歌と文化伝播

いろはにほへとちりぬるをわか…。誰しも口ずさんだことがあるだろう「いろは歌」の成立は十一世紀ごろと推測されている。

八郎潟に近い三種町鹿渡の盤若台《はんにゃだい》遺跡からは「いろは歌」の書かれた木簡（次頁、写真）が見つかっている。埋蔵文化財センターが一九九八（平成十）〜二〇〇〇（同十二）年度に発掘調査したところ、平安時代末から鎌倉時代（十二世紀末〜十三世紀前半）にかけての建物跡や井戸跡が発掘され、中国との貿易で輸入された白磁四耳壺《はくじしじこ》や青磁碗《せいじわん》がたくさん出土した。時期としては、平泉を拠点とする藤原氏に代わり、鎌倉幕府の御家人たちが東北地方に支配を広げていた頃と重なる。

いろは歌木簡は十三世紀前半に埋められた井戸の中から出土した。縦二十九・一センチ、横三十七・四センチ、厚さ〇・八センチの薄い杉板だ。国立歴史民俗博物館の三上喜孝《みかみよしたか》准教授（当時）と埋蔵文化財センターによる調査の結果、木簡には片仮名で「いろは歌」の全文が書かれていることがわかった。

いろは歌の出土品は国内十一遺跡十三例しか知られていない。中でも盤若台遺跡の木簡は歌の

般若台遺跡出土の「いろは歌」木簡。片仮名で全文が書かれた全国唯一の出土例。中央は赤外線写真。下は解読した文字

「イロハニホヘト　チリ□□《ヌルカ》ヲ　ワカヨ
□タレソ　ツネナラム　□□《ウヰカ》ノオク
ヤマ　ケフコエテ　アサキ
ユメミシ　ヱ□□《ヒモカ》セス□
イロハニホヘト　チリヌルヲ　ワ
カヨ□

全文が残っており、かつ片仮名で書かれている点で、全国唯一の出土例だった。他の出土例のほとんどは歌の一部分しか残っていない。京都府平安京堀川院《へいあんきょうほりかわいん》からは全文の残る土器が出土しているが、こちらは平仮名である。

いろは歌の普及を出土例からみると、十二世紀後半には岩手県・新潟県から佐賀県にまで及んでいる。盤若台遺跡の木簡は、これらより時期的にやや新しいものの、最北の発見例でもあった。

一方、片仮名が全国に普及したのは十二世紀とする研究がある。片仮名を記した本県最古の出土品は、古代末～中世初頭の観音寺廃寺跡《かんのんじはいじあと》（横手市大森町）の木簡である。十二世紀に東北地方を

支配していた平泉藤原氏の拠点である岩手県柳之御所《やなぎのごしょ》遺跡からは片仮名の書かれた多くの出土品があり、普及の中心を担った可能性がある。

盤若台遺跡の木簡は、東北地方への「いろは歌」や片仮名の普及過程を知る上で重要であるのみならず、今後の研究の基礎資料ともなる貴重なものだ。

ところで、この木簡（板）、元々は折敷《おしき》といって、食器を載せる台やお盆として使ったものである。さらに、まな板として再利用されている。包丁の傷跡が文字を切っていることから、折敷↓いろは歌↓まな板となって、最後は井戸の中に投げ込まれたようだ。板がどのような運命をたどったのか、その物語を想像してみるのも楽しい。

八郎潟沿岸の有力者層が、新しい文字文化に親しむ姿が垣間見える資料としても魅力的だ。

［宇田川浩一］

第三十一話　遺構・遺物から情勢を読む

森吉山北麓を流れる小又川《こまた》の流域には江戸時代の遺跡や文書記録が多く、森吉山ダム建設で水没したものの、菅江真澄が滞在した家もあった。では江戸時代以前には、どんな生活が営まれていたのだろう。平安時代から鎌倉時代にかけて、流域の中心集落となった北秋田市森吉の地蔵岱《じぞうたい》遺跡（写真1）をみてみよう。

写真1　地蔵岱遺跡の全景。環濠が村を取り囲んでいる

小又川や阿仁川などを含む米代川流域は、平安時代の八七八（元慶二）年に起きた元慶《がんぎょう》の乱以後、遺跡が増える。その傾向は九一五（延喜十五）年の十和田火山の噴火で壊滅的な被害を受けても衰えず、人の動きに拍車がかけられた感がある。小又川の段丘面には所々に広い平坦面があるので、地蔵岱遺跡のように十世紀後半から十三世紀まで続く大集落を営むことができた。

地蔵岱遺跡で見つかった直径百二十メートルの集落跡には、

最大幅三・六メートル、最大深一・六メートルの環壕《かんごう》（集落を取り囲む堀）が巡らされていた。環壕は十一世紀に掘られ、十二世紀末には埋まっていたこともわかった。このような「古代防御性集落」と呼ばれる村は平安時代の後半、有力者や武士による地域勢力が乱立した時期に、広く北東北一帯に現れる。

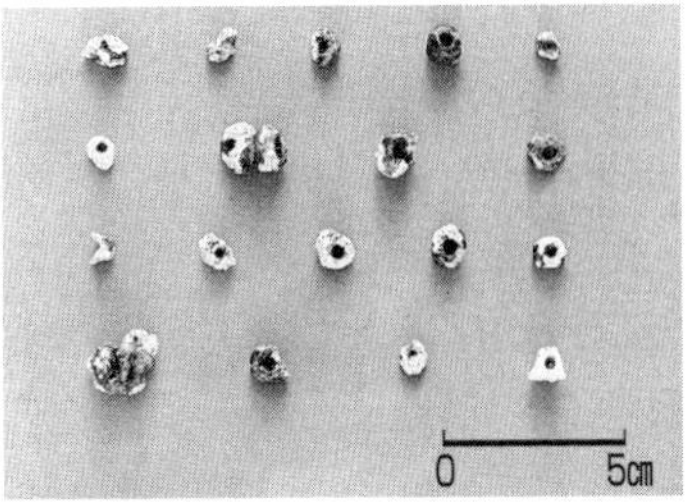

写真２　骨で作られた数珠玉。仏教の浸透を示す

　複雑な地域情勢は、出土した遺物からもうかがえる。律令祭祀《りつりょうさいし》を行ったことを示す斎串《いぐし》、仏教の浸透を示す骨製の数珠玉（写真２）、北海道との関係を示す擦文《さつもん》土器など、多様な文化要素が混在している。この数珠玉は、竪穴住居跡の床面から炭の塊と一緒に出土した。玉自体も熱を受けており、数珠を火にくべるような祭祀が推定される。同じ集落において、穢《けが》れを祓う律令祭祀が水辺で行われていたのとは随分と様相が異なる。

　環壕の際《きわ》を利用して製鉄炉が設けられ、集落内では鍛冶工房が操業していた。出土した鉄製品を分析したところ、一点が八峰町峰浜の湯《ゆ》ノ沢岱《さわたい》遺跡から出土した鉄製品とほぼ同じ組成だとわかった。鉄の流通を分析データで示した、秋田県で初めての結果として注目される。

古代の地蔵岱集落は元慶の乱後の開発によって始まり、十和田火山の噴火に見舞われても廃絶することなく、豊富な木材や集落内外から採取される鉄資源を活用しながら存続した。環壕が埋められた十二世紀は、平泉藤原氏が台頭し東北地方全域を支配した時期でもある。「藤原氏の平和」が実現したことで、環壕は埋められていったのだろうか。

鎌倉時代になると、集落はさらに低い段丘面にも広がることが、森吉町教育委員会（当時）の調査で明らかになった。ここからは、中国から輸入された青磁と一緒に、十三世紀の素焼きの土器である「かわらけ」が出土している。山際の湧水地点からは、荒型《あらがた》と呼ばれるケヤキ製木皿の材料がたくさん見つかった。中世の木地師《きじし》たちは山々を巡りながら材料を調達し、土地ごとに支配者の邸宅近くで器を作り、また立ち去っていったのである。

藤原氏の滅亡後、米代川流域の比内地方は御家人の一人である浅利氏の支配下に置かれる。鎌倉武士団の支配を受けたのは、地蔵岱集落も例外ではないだろう。このような大きな歴史の動態が、山間の遺跡で見つかった遺構の変遷にも示されているのである。

［宇田川浩一］

第五章　中世・近世

第三十二話　遺跡ごとの「推し」と魅力

大仙市神宮寺の薬師《やくし》遺跡は鎌倉時代から室町時代の集落跡である。JR神宮寺駅の北東約七百メートルの沖積地にあり、国道一三号神宮寺バイパス建設事業に伴って二〇〇三（平成十五）年度に発掘調査された。

どの遺跡にも「この遺跡の魅力はこれだ」という遺構や遺物がある。薬師遺跡では道路跡と掘《ほっ》立柱《たてばしら》建物跡に魅力を感じた。

まずは道路跡。古代や中世でも道路には側溝が付くのが一般的だ。薬師遺跡では幅四～五メートル前後の道路跡が三本、それぞれ側溝を伴いながらほぼ重なって発見された（次頁、写真1）。

写真1　薬師遺跡の道路跡（4本の筋は側溝。写真奥の神宮寺岳側へと延びる

うち二本は南北方向にまっすぐ延び、もう一本は南側からたどると途中で東へ直角に折れる。重なっているということは、三本が同時に存在したのではないことを物語る。側溝の重なり部分の土を詳しく観察したところ、直線道二本は屈曲した一本へ造り替えられたことが分かった。

もう一つは掘立柱建物跡。十三棟が確認された。出土遺物や建物の構造などから、建てられた時期は十二世紀後半から十三世紀半ばにかけての、少なくとも四期あることが分かった。これらの建物群は全て道路の西側で見つかっている。道路の東側は段丘崖《だんきゅうがい》になっている。崖の縁辺を道路が走り、西側のやや高い平坦な場所に集落が広がっていたのだろう。

最も大きな建物跡は大きさが十六メートル（七間《けん》、ここで言う間とは長さの単位ではなく柱と柱とのあいだの数のこと）×七メートル（四間）、四方に軒を下ろす四面庇《しめんびさし》付き建物であった（次頁、写真3）。同様の四面庇付き建物は横手市教育委員会によって発掘調査された大鳥《おおとり》井山《いやま》遺跡でも見つかっており、宗教施設など特殊な建物であったことを示している。心の中で「どういう性格の建物なのか。集落の首長層の住まいなのか」と好奇心を募らせながら発掘を進めた。

発掘調査は調査区の中だけでなく、周囲を見渡せばさらに興味深い。というのも南北の直線道路跡をそのまま南へ延ばせば、約一キロで雄物川に行き着き、川を渡ったその先で八幡神社と神宮寺岳（標高二百七十七メートル）に突き当たる。神宮寺岳は、平安時代の「延喜式《えんぎしき》」に記載された式内社《しきないしゃ》「副川神社《そえがわ》」が鎮座していた信仰の山。八幡神社はその里宮とされ、正応三（一二九〇）年の棟札が残り、大仙市指定文化財となっている。まさに薬師遺跡と同時代に存在したのだ。

神社から雄物川を越え、まっすぐ北へ延びる道路。その西側に広がる薬師遺跡の集落は、神宮寺岳や八幡神社と強い結びつきのある人々によって営まれたのだろう。四面庇付き建物跡の威容はそのことを私たちに伝えているのかもしれない。

その四面庇付き建物跡からは、特に晴天の日は一段と美しい姿の神宮寺岳を眺めることができる。薬師遺跡から見渡す周囲の光景は中世の歴史に思いを馳せずにはいられないものとして、私の心に深く刻まれた。

［赤上秀人］

写真２　四面庇付きの建物だったことを示す柱穴

第三十三話　卒塔婆にみえる宗教観

寺院や墓地を訪れると、墨で梵字《ぼんじ》や亡くなった人の戒名などが書かれた木の板が、墓石の背後などにひっそりとたたずんでいる光景を目にすることが多い。この木の板は、死者への弔《とむら》いの際に使われる卒塔婆《そとば》と呼ばれるものだ。発掘調査でも低湿地や河川跡など水気の多い場所で出土することがある。水が酸素の侵入を防いで細菌の活動を抑制するなどして、木を腐植から防ぐからだ。

日本で最古の木製卒塔婆は、石川県珠洲《すず》市所在の野々江本江寺《ののえぼんこうじ》遺跡出土のもので、時期は十二世紀頃と推定されている。埋蔵文化財センターが二〇一七（平成二十九）年度に調査した潟上市昭和豊川の手《て》の上《うえ》遺跡（次頁、写真1）でも卒塔婆が見つかった。この遺跡では中世以前の河川跡とそれに伴う護岸施設が確認されている。

河川跡からは多くの遺物が出土した。遺物の中には、製作途中の木製椀、鉄製品が製造されていたことを示す鉄滓《てっさい》（製錬や鍛冶の際に出る不純物）、有力者でなければ所有できない白磁・青磁などの中国産磁器があった。これらは河川の上流部にあったであろう集落から流されてきて護岸施

写真1　上空から見た手の上遺跡

設に引っかかり、この地に埋没したと想像される。

調査終了間際の七月中旬、とても暑い日の出来事だった。ぬかるむ泥の中で河川跡の川底を掘り下げていくと、一枚の木の板（長さ三十五・八センチ、幅十二・一センチ、厚さ一センチ）が出土した。泥をぬぐってよく観察すると、明らかに人の手が加えられている。その形から卒塔婆であることが分かった（次頁、写真2）。先端が緩い山型に整えられ、その下には深い切り込みが両側に二カ所あった。その形状は平安時代末期と鎌倉時代の両方の要素を含んでいる。もう一方の端には鋭利な刃物で幾つかの切り込みが入っていた。

滋賀県長浜市の塩《しお》津《つ》港《こう》遺跡では十一～十二世紀末頃の神社遺構が確認され、鳥居周辺に配された溝から国内最古級の多量の木札（神仏へお祈りする際の願い事を書いた札）が出土した。その中に刀で無数に切り込みを入れた木札が発見されている。これは、札に書いた願い事がかなったため、その効力を停止させる目的で付けられた刀傷

写真2　手の上遺跡から出土した卒塔婆

と考えられている。手の上遺跡の卒塔婆の下端にみられる細かな切り込みも、そうした儀礼行為を示すのではないだろうか。

　秋田県内で木製卒塔婆が出土した事例は、他に男鹿市脇本《わきもと》城跡《じょうあと》や由利本荘市岩倉館跡《いわくらだてあと》、秋田市後城《うしろじょう》遺跡などに限られ、いずれも室町時代後期頃（十五〜十六世紀）とされる。手の上遺跡の卒塔婆は、その形の特徴から十三世紀頃と推定される。つまり県内最古級の木製卒塔婆の出土例と見てよさそうだ。

　手の上遺跡の上流部や周辺にいかなる遺跡が眠っているのか。この資料をさらに調べることによって中世という時代を生きていた当地の人々の宗教観を垣間見ることができそうだ。

［乙戸崇］

第三十四話　鋳物工場の発見と鍋の行方

発掘現場で、見たことも聞いたこともないようなものに出くわした時、好奇心と不安が入り混じった気持ちになる。三種町の堂《どう》の下《した》遺跡は、まさにそういう遺跡であった。日本海沿岸東北自動車道八郎湖パーキングエリア（ＰＡ）予定地付近での分布調査で発見され、一九九八（平成十）年から二〇〇〇（同十二）年の三カ年にわたりＰＡ予定地のほぼ全域（約五万五千平方メートル）を対象に本調査が行われた。

一年目で砂鉄の採掘坑と貯蔵坑、木炭窯跡、製鉄炉が見つかり、原料の調達から鉄の生産まで製鉄に関連する一連の工程を復元できる遺跡であることは判明していた。ところが、出土遺物の中に見たことのないものを発見した。中世初頭（十二世紀後半）に作られた鋳型《いがた》（次頁、写真1）だ。

鋳型が出土するということは、そこが鋳物工場であったという証拠。これまで秋田県内では調査例のない種類の遺跡であり、何からどう手をつければよいか分からず、不安でいっぱいになったことを思い出す。

だが一年目に出土したのは幸いだった。二年目以降は、全国の製鉄関連遺跡の調査に関わって

写真1　堂の下遺跡の鋳型出土状況

きた国内随一の専門家に指導を受けながら、調査を進めることができるようになり、不安は解消されていった。調査期間が一年だけだとこうはいかない。

鋳型は、出土してしばらくは製鉄炉の炉壁《ろへき》だろうと考えていた。しかし、外側ほど粗い土が使われていることや、籾殻や藁を混ぜ込ませている特徴などから、炉壁ではなく鋳型であることが分かった。鋳型は、外型《そとがた》と中子《なかご》からなり、両者の隙間に溶かした鉄を流し込んで製品を作る道具だ。

堂の下遺跡では、沢筋でとれる山砂鉄を製鉄炉で溶かして鉄塊を作り出し、さらに溶解炉で鉄塊を溶かして、鋳型に流し込む作業が行われていたと考えられる。

外型の内側に使われているきめ細かい砂は真土《まね》と呼ばれ、製品の表面を滑らかに仕上げる役割がある。製品を取り出すため外型は壊されるが、真土は回収され再利用されることがある。逆に外側ほど粗い土を使っているのは、高温の鉄を注ぎ込んだ際に発生するガスを抜き、鋳型が壊れないようにするためだ。

では、この鋳型で何を作っていたのか。こうなってくると、不安よりも好奇心の方が勝ってくる。出土した鋳型の総重量は四百五十キロほど。最も多かったのは鍋の鋳型である。鍋そのものは発見されなかったが、外型の形状（写真2）から鍋は数種類あることが分かった。

写真2　鍋の外型の一部（溝の有無や本数で数種類あったことが分かる）

堂の下遺跡の鍋は、どんな人が作り、どこに出荷され、どんな人が使ったのか。知りたいことがたくさんある。石川県小松市の林《はやし》遺跡では堂の下遺跡と同じ特徴をもった鍋鋳型が出土している。鋳物製造の技術を持った人々が移住してきて、製鉄技術を持った在地の人々と共同作業をしていたのかもしれない。

調査から二十年が過ぎた今、あの鋳型で作られたであろう鍋の行方は不明のままだ。どこかの発掘現場で堂の下製の鉄鍋が発見されないか、好奇心がますます湧き上がっている。

［磯村亨］

第三十五話　大きな穴の正体

二〇〇八（平成二十）年夏、砂丘地上の発掘現場。足下の大きな穴を見つめながら考え込んでいた。直径五メートル、深さ二メートル以上ある。この穴は何だ？

秋田市飯島の平右衛門田尻《へいうえもんたじり》遺跡。新城川の河川改修工事に伴って発掘調査が実施された。遺跡のある天王砂丘は飛び砂が堆積したもので、その形成は縄文時代以降に始まり、平安時代ごろに終息したようだ。砂が激しく飛んでいる時期は生活に適さなかっただろう。その激しさは、春先の海水浴場の駐車場に吹きだまった砂の山を見れば分かる。

さて、大きな穴の正体が分からないまま、土崎空襲の不発弾でも埋まっているのではないかと本気で考えたりもした。だが「掘れば分かる」の精神で掘り進めていくと、甕や擂り鉢、碗など中世の陶磁器ばかりが出土。不発弾の穴ではないと確信した。なかなか底が見えてこないことから、もしかしたら地下水をくみ上げる井戸ではないかとも思うようになった。さらに丁寧に掘り進めていくと、一辺一メートルほどの四角い枠の痕跡（次頁、写真1）と、直径六十センチほどの輪っか状の黒い砂が見えてきた。井戸であることが確定した瞬間だ。

というのも、古代や中世の一般的な井戸には、壁の崩落を防ぐための井戸枠が据えられ、底には水を溜める曲げ物が置かれることが多いからである。輪っか状の黒い砂は、腐って黒い土になった曲げ物の痕跡（次頁、写真2）なのだ。

しかし、井戸跡の底面（標高八メートル）からは水が出てこない。そもそも地下水の水位は一定ではない。現代では地面のアスファルト舗装や排水路の整備で地下に浸透する水の量が減り、さらに昨今は温暖化の影響で地下水の源となる降雪量が少なく、地下水位が低下しているという。調査時点で水が出ないということは、中世の地下水位は今より高かったということである。

写真1　平右衛門田尻遺跡の大穴の底から現れた四角い井戸跡

調査区域からは最終的に八基の井戸跡が見つかったが、住居跡は見つからなかった。調査区外の東側には平坦な住宅地が広がっている。おそらく、この住宅地の下にかつての集落が眠っているのだろう。調査区域は、集落の端にある井戸広場だったのだ。水を汲みながらおしゃべりをしている中世の人々の姿が眼前に現れてきた。初めての

写真2　井戸跡底部の曲げ物の跡

砂丘地の調査でどんな遺構が出るのだろうかという不安もあり、いろいろ悩んで考えて、予想を立てた。そして掘って分かった瞬間の快感がたまらない。

それにしても開口部の直径が五メートルもある穴が井戸だったとは。同じ中世の井戸跡が三百十二基発見された井川町洲崎《すざき》遺跡では井戸の直径は一メートルほど。この違いは平右衛門田尻遺跡が砂地で軟弱だったため、壁の崩落を見込んで大きめの穴が掘られたのだろう。苦労がしのばれる。過去の人の作ったものはいつも私たちの予想を超える。

調査地に隣接する畑では、現在も農作物への散水のためにポンプを設置して相変わらず地下水利用の歴史を積み上げている。発掘調査により、この地の地下水利用のルーツに触れたような気がしている。

［磯村亨］

第三十六話　緊張感伝える山城

晴れた休日にはよく中世の山城《やまじろ》を散策する。人の気配が全くしない薄暗い山中で、それらしい地形に出合うと孤独や疲れを忘れる。

山城とは南北朝から戦国時代にかけて、政治・交通の要衝で、かつ攻めにくい山に築かれた城である。城主の住居や兵の駐屯地として平らに造成した郭《くるわ》（曲輪）、郭を守るためその縁辺に土手を巡らせた土塁《どるい》、斜面を削って急傾斜にした切岸《きりぎし》、尾根道を分断する堀切《ほりきり》などで構成される。平地に築かれた城は平城《ひらじろ》という。

中世の由利本荘・にかほ地区には「由利十二頭《じゅうにとう》」と呼ばれる小領主が乱立し、このうち現在の由利本荘市内越《うてつ》を領したのが打越《うてつ》氏である。その居城跡とされるのが、県立大学本荘キャンパス北東三百メートルにある山城、岩倉館跡《いわくらだてあと》（次頁、写真）だ。平野に突き出た山地の西端に位置し、範囲は推定で南北六百メートル、東西五百メートル、麓から城の最上部までの標高差は六十メートル。本荘平野を一望し、仙北・平鹿・雄勝への陸上交通や芋川《いもかわ》を含む子吉川下流の水運をおさえた、まさに要衝である。

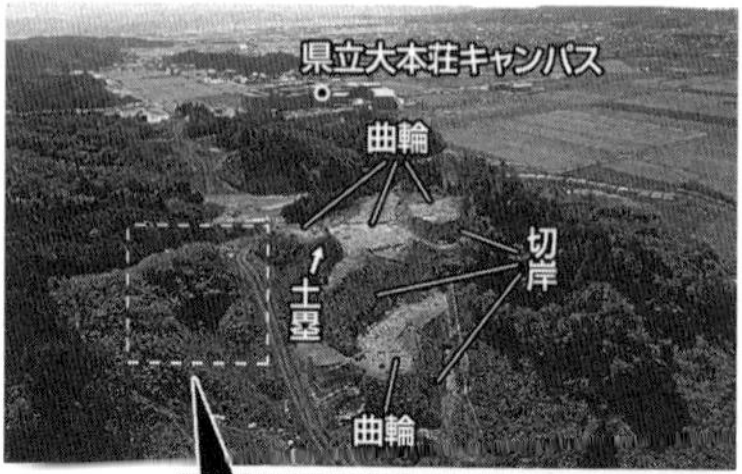

上空から撮影した岩倉館跡

城の中核となる主郭《しゅかく》は、採石により大きく失われてしまったが、地元の人によれば以前は運動会が行われ、相当に広かったようだ。

発掘調査は日本海沿岸東北自動車道建設に伴い、二〇〇三（平成十五）、〇四（同十六）年に行われた。やぶに覆われた山林を刈り払うと、階段状に造成された十に及ぶ郭群や急峻な切岸などがくっきりと姿を現した。出土した中国・朝鮮・国産陶磁器の年代を調べると十四〜十六世紀後半であることが分かった。岩倉館跡での居住期間を示していると考えてよさそうだ。

築城の工法を探るため郭の一部を深く掘ると、硬く締まった分厚い黄褐色粘土層が幾層にも重なり、大規模な造成がなされていたことが分かった。また、造成土の上面や中には真っ黒な炭と真っ赤に焼けた土の層が、調査区全体にわたって所々堆積していた。火災の痕跡かもしれない。城内各所からは炭化した米・アワ・ヒエ等が計約七十四キロ出土した。火災の残骸を片付け、焼けた面に土を盛り、郭を造り替えたと推測できる。

東側の丘陵から城内へ続く尾根は、外敵の侵入を防ぐため三本の堀切によって寸断されていた。堀切はV字状に掘られた通称「薬研堀《やげんぼり》」である。こうした堅固な守りは、南北朝から戦国時代にかけての緊張した状況が、この地域においても例外ではなかったことを物語る。

秀吉が天下統一した十六世紀末、打越氏は平城の平岡館《ひらおかたて》（由利本荘市内越）に居城を移した。その時点で岩倉館は廃城になったようだ。

山城跡を調査すると、中世という混沌とした時代を全力で生き抜いた人々の熱量が実感できる。発掘の機会はそうは巡ってこないが、「ここを掘ればどんなことが分かるだろう」と想像しながらの山城歩きは頭と体のどちらにも心地よいものだ。

［山村剛］

第三十七話　八百年前の音色

多くの人が大みそかには除夜の鐘を聴きながら新年に思いをはせるのではないだろうか。寺院

写真1　出土した「磬」の鋳型（幅13センチ）

の釣り鐘のことを梵鐘《ぼんしょう》というが、その梵鐘にまつわる中世の遺跡を紹介したい。

日本海沿岸東北自動車道の建設に先立ち、二〇〇三（平成十五）、〇四（同十六）、一五（同二十七）、一六（同二十八）年の計四回にわたって埋蔵文化財センターが発掘調査した由利本荘市川口の堤沢山《つつみさわやま》遺跡だ。県立大学本荘キャンパスの東二百メートルに位置する。秋田県で初めて、梵鐘を含む仏具を鋳造した遺構や鋳型などの遺物が見つかった。なかでも梵鐘の鋳造遺構は全国でも六十例ほどしか知られておらず、貴重な発見だ。その年代は、放射性炭素の測定や出土した陶磁器から十三世紀頃と推定されている。

遺跡は、二本の沢が出合う丘陵先端の狭小な谷地形で、とてもそうした遺構が埋まっているとは思えない場所にあった。谷斜面の切り盛りによって平らな作業場が設けられており、そこからは鋳造のみならず、製鉄や鍛冶といった作業が行われていたことを示す遺構が次々と見つかった。製鉄・鋳造作業で出た多量の廃棄物は、遺跡下方の沢に捨てられていた。

〇三（同十五）年の発掘調査では、板状の「磬《けい》」の鋳型（前頁、写真1）が出土した。磬とは、仏堂内において読経や加持祈禱《かじきとう》などの際に打ち鳴らす楽器の一種である。鋳造作業では、溶かした鉄を鋳型に流し込んで冷やした後、鋳型を壊して製品を取り出す。壊されてバラバラで出土した鋳型を丹念に組み合わせていくと磬の鋳型をほぼ完全な状態に復元できた。

写真2　梵鐘の鋳造跡。鋳型を固定する粘土が弧状に残っている

さらに翌〇四（同十六）年、梵鐘の鋳造遺構が見つかった。一辺約二・六メートルの方形で、深さ〇・六六メートル。床面には鋳型を固定するための粘土が弧状に巡っていた（写真2）。その粘土の内側に接して、梵鐘の鋳型破片が重さ計十キロ分ほど出土した。鋳型から推定される梵鐘は高さ八十センチ、直径五十センチほど。除夜の鐘でイメージされるような大型の鐘ではなかったものの、当時の技術では、かなり大がかりな作業であっただろう。

梵鐘などの仏具は青銅製のイメージが強いが、ここで作られていたのは鉄製だった。原料の鉄は遺跡内の製鉄炉・鍛冶炉で精製・精錬していたようだ。他にも密教法具「金錍《こんぺい》」と思われる棒状の製品や、寺院の軒先四隅に吊るした「風鐸《ふうたく》」と呼ばれる鈴などの鋳型が出土した。

仏具が生産されたということは、それらを必要とした寺院があったということだ。

平泉藤原氏の時代、由利本荘地域には在地領主として由利氏が君臨していた。鎌倉時代の一二一三（建暦三）年の和田合戦後は、信州から入部した二代将軍源頼家の乳母《めのと》である大弐局《だいにのつぼね》となり、その一族の小笠原氏が支配した。その後、北条得宗領となったようだ。この中の誰かが発願主となり、寺院を建立し、仏具を生産させていたのだろう。

鉄製の梵鐘は青銅製よりも高い音を放つという。八百年ほど前の本荘平野のどこかで鳴り響いていた音色を想像してみるのも楽しいひとときだ。

［山村剛］

第三十八話　陶磁器にみる武家の日常

使い慣れた夫婦茶碗、あるいは床の間に飾られた大きな皿。みなさんのお気に入りのやきものは何だろうか。どれほどプラスチック容器が普及しても、やきものを大切に使い続ける人は多いはずだ。

秋田藩主佐竹氏のお膝元、久保田城下の武家屋敷跡である古川堀反町《ふるかわほりばたまち》遺跡（現秋田中央警察署敷地）の発掘調査では、そこに暮らした人々が使っていたさまざまな陶磁器が出土した。お椀や箸などの木製品は、常に水に浸かっているような特殊な場合を除き、長い間土に埋もれると分解され、形が残らない。ゆえに江戸時代の遺跡の発掘調査で出土する遺物は陶磁器が多い。古川堀反町遺跡も例外でなく、擂鉢《すりばち》・鍋などの調理具から茶碗・皿などの食器、甕・壺といった貯蔵容器に至るまで、多種多様な陶磁器が出土した。そのおかげで当時の生活の一端をうかがい知ることができる。

陶磁器片をじっくり観察すると、割れ口に透明なガラス質の付着物がみられることがある。これは江戸時代後半に普及した焼継《やきつ》ぎと呼ばれる接着方法を用いて、壊れた器を接着し修復したものである。写真1は焼継ぎで修復された碗で、底に「太田」「〈ホ（山ホ）」のほか、判読不能の文字が記されている。焼継師《やきつぎし》の名前だ

写真1　焼継ぎ痕が残る磁器片

写真2　膳料理に使われたとみられる織部焼の向付

ろうか。
一度の修復ごとに焼継師が自らの印を残していったとすれば、この碗は違う焼継師によって三度も修復されたことになる。新しいやきものを買うより修理した方が安く済んだのだろうか。あるいは損得ではなく、この器への愛着から修復して使い続けたのだろうか。後者だとすれば、たとえ高価なやきものではなくともお気に入りの一品を大切に使い続ける、ほほ笑ましい光景が目に浮かぶ。
出土した陶磁器の多くは日常で使う身近な器だが、写真2のように主に懐石料理に用いられる織部焼《おりべやき》の向付《むこうづけ》（刺身や酢の物などを盛る器）も出土した。同じ意匠の器が五つ出土しており、組物《くみもの》（セット）で使われたと考えられる。やきものは容器であるとともに、目で見て楽しむことで生活に彩りを添えてくれる。緑の釉薬《うわぐすり》が映えるスス キ文様の器には秋の味覚が盛り付けられ、屋敷に集った人々で日々の出来事でも語り合ったのだろうか。織部焼は当時はなかなか手に入らないやきもので、身分の高い人々の屋敷跡などからよく出土する高級品である。

捨てられてしまったやきものであっても一つ一つ丹念にみていけば、江戸時代の人々の様子が少しずつ浮かび上がってくる。発掘調査で出土するやきものはタイムカプセルのようなものだ。出土した遺物は当時の生活を知るヒントをくれる。あなたの大切なやきものが何百年、何千年後、発掘される日が来るかもしれない。未来の考古学者は今日の私たちの使ったものを見て、その生活ぶりをどのように想像するのだろうか。

［小山美紀］

第三十九話　判明！渋江家正門位置

二〇二二（令和四）年六月に開館した「あきた芸術劇場ミルハス」（秋田市千秋明徳町）。前身は六十年近く親しまれた県民会館で、その隣には秋田和洋女子高校があった。久保田城三の丸の南西を占めるこの一角全てが、藩主佐竹氏の重臣として家老を輩出した渋江《しぶえ》家の敷地だった。面積約一万二千平方メートル。一六〇四（慶長九）年ごろには敷地の造成が始まり、一八六八年の明治維新まで約二百六十年にわたり城を守った。

写真1　久保田城跡（渋江屋敷跡）から出土した江戸期のU字溝

渋江家の正門が中土橋《なかどばし》通りに面していたことは古い図絵から分かっていたが、正確な位置は不明だった。それが芸術劇場建設前の発掘調査で、正門の場所を特定することができた。そこは秋田市立中央図書館明徳館と秋田市文化創造館（旧県立美術館）の間を通る市道が中土橋通りに突き当たる所だ（ただし現在の市道の場所には江戸時代に道はなかった）。

正門特定のきっかけは、県民会館駐車場のアスファルトを剝がして五十センチほど掘り下げたときに、青い石（越前産の笏谷《しゃくだに》石《いし》）をくりぬいた長さ一メートル、幅と深さが各五十センチほどのU字溝が出てきたことによる（写真1）。U字溝は地面に斜めに刺さっていたので、かつての県民会館建設工事で捨てられたものと考えたが、地層は間違いなく江戸時代である。不思議に思いながらU字溝の先を北にたどっていくと幅七・八メートル、奥行き二・三メートル以上の大きさを持つ礎石建ちの門跡が確認された（次頁、写真2）。

最初に見つかったU字溝は傾斜を保ちながら地中に潜り、その先は一辺約六十センチの集水升につながっていた。升の脇には一辺五十センチもある正方形の礎石が据えられており、上面には柱の先を差し込む「ほぞ穴」が切られていた。上面を洗って手でなでてみると、風雪にさらされてすべすべしている中で、柱が当たっていた部分は風化せずにざらざらである。その範囲は縦横二十一センチ。つまりは、二十一センチ角の門柱が立っていたことになる。当時の一般的な武家屋敷の柱は九センチほどだから、桁違いに太い。

さらに、礎石とU字溝の配置が本丸の表門（正門）とそっくりなことに気付いた。表門は幅九・一メートル、柱は三十センチ角である。渋江家の正門は本丸表門の構造をそのままに、大きさを二～三割縮小した印象である。

この礎石建ち正門の下には焼けた土と炭が

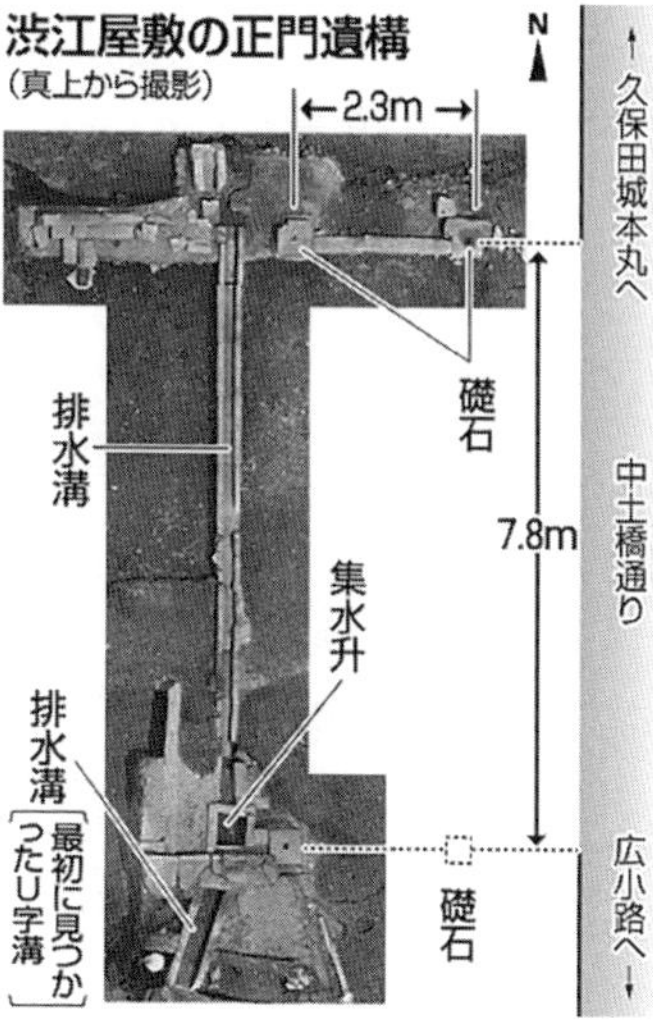

写真2　渋江屋敷の礎石建ちの正門遺構と排水設備

多く含まれており、記録に残る一六八二（天和二）年の火事で渋江家が全焼した時の地層だと考えた。さらに渋江家がこの場所に屋敷を構えた当初は正門が掘立柱《ほったてばしら》式だったこと、それが礎石建ちに変わったのは一七五九（宝暦九）年より後であることも、出土した硯《すずり》に刻まれた年号から分かった。

一七七八（安永七）年に本丸が火事で焼失した際、藩主は二年間にわたって渋江家を仮御殿とした。このときの藩主は、秋田蘭画で有名な八代佐竹義敦《よしあつ》（号・曙山《しょざん》）だ。礎石建ちの正門を曙山はくぐったはずである。私がなでた礎石に、曙山は腰掛けたかもしれない。そんな想像をするのも楽しい。

［宇田川浩一］

第六章　発掘・整理

第四十話　低湿地調査の醍醐味

発掘調査の現場は、台地や丘陵のような高くて乾いた所ばかりではない。低地にある遺跡では、少し掘ると水が湧き出し、調査はまず「水との闘い」になる。湧き水そのものは透明できれいなのだが、水が染み込んだ土や粘土の上を行ったり来たりするうちに、見事な泥に変化してしまう。こうなると次は「泥水との闘い」である。

低地には泥炭《でいたん》質の層が厚く積み重なっている場所がある。泥炭とは植物が完全に腐食しないまま堆積したもので、水分を多く含み独特な臭いを放つ。作業環境が良いとは言えないが、この泥炭層からは貴重な有機質の遺物が多く出土する。豊富な水分が酸素の侵入を防ぎ、腐食の原因と

写真1　泥に埋まりながらの作業（男鹿市小谷地遺跡）

なる微生物の活動が抑えられるからである。

乾いた現場ではほとんど残らない木材や木製品、トチやドングリといった木の実などがそのままの形で保存されているのだ。水が湧く低地の遺跡は、過去の環境や人々の暮らしを復元する上で欠かせない「情報の宝庫」といえよう。

低地にある遺跡の調査では汚れを避けるため、雨がっぱに長靴で作業する（写真1）。現場に持ち込んだ排水ポンプの「ジュル、ジュルッ」という音を聞きながら、ぬかるみに足を取られつつ地道に泥を取り除いていく。遺物らしきものが見つかると、スタッフの集中力が一気に高まる。柔らかいブラシやスポンジなどを使いながら慎重に形をあらわにしていく。やがて全容が明らかとなった遺構や遺物は、圧倒的な生々しさで私たちに迫ってくる。「これが一千年以上も前のものか！」。それまでの苦労を忘れる瞬間だ。

水との闘いで得られるもの。それは乾いた遺跡では得ることのできない貴重な遺物であり、感動と達成感である。

そのなかでも思い出深いのは、県道建設事業に伴う事前調査として二〇〇九（平成二十一）年度に行った小谷地《こやち》遺跡（男鹿市脇本富永）の発掘だ。この遺跡では過去四回の調査で平安時代の木組みの遺構が確認され、建物跡と考えられていた。本発掘調査に先駆けて行われた〇六（同十八）年度の確認調査では、過去に建物跡と判断された遺構と同様の遺構が見つかり、建物構造の解明に期待が寄せられた。

写真２　耕作中の水田下で見つかった小谷地遺跡の堰遺構

ところが〇九年度の本調査ではまったく別の大きな発見があった。建物跡と考えられてきた遺構が古代の水路の中にあることが明らかとなり、さらに分析した結果、例の木組みは水路中に築かれた堰《せき》（流れをせき止めたり緩やかにするための構造物、写真２）であることが分かったのである。

過去の調査で確認されていた同様の遺構も、水路跡の延長線上で見つかっているため、実は建物跡ではなく、水路の所々に設けられた堰だったと考えられる。こうした堰遺構は、西日本や韓国でも確認されている。

小谷地遺跡では田下駄や馬鍬《まぐわ》といった農耕具、イネや水田雑草の花粉が見つかっている。つまりこの調査で発見された堰は水路から水田に水を供給するためのものと考えられる。背後に滝《たき》の頭《かしら》や石清水など豊富な湧水や清水を擁する寒風山の麓にある小谷地遺跡は、山紫水明、米どころ秋田の原点を私たちに伝えてくれる遺跡だったのだ。

［村上義直］

第四十一話　視点変化で見えてくる

発掘調査では、簡易的なタワー（次頁、写真1）を建てて高いところから写真撮影することがよくある。今はドローンも活用するが、何かと制約が多いため毎日のように使うことはない。タワーは写真撮影をするためだけではなく、発掘調査の進め方を広い視野で考える上でも欠かせない。少し大げさに言えば、ナスカの地上絵のように地上からでは分からないことが、タワーに上がると見えてくることもある。例えば「なんとなくあの辺だけがほんの少し土の色が違って見える」「土の乾き具合がほかの場所と違っている」など、微妙な違いを感じ取れることがある。

これをきっかけに次々と竪穴建物跡が見つかった遺跡がある。

それは二〇〇四（平成十六）年、〇五（同十七）年度に発掘調査を行った平安時代の集落跡である鴨巣《かもす》Ⅰ遺跡（能代市田床内《たどこない》）である。この調査では土の識別が難しく、遺構探しは困難を極めた。こうした状況は近くの縄手下《なわてした》遺跡でも同様で、調査指導に来たベテラン職員でもなかなか遺構に気づけないほどであった。

県内の発掘調査では、地山《じやま》と呼んでいる黄褐色粘土まで掘り下げると、遺構の形が見えてくることが多い。遺構に埋まった土（通常は黒褐色土）は地山とは色や質が異なるので、遺構の形（範囲）を識別できるのである。平安時代の竪穴建物跡は、地山と異なる黒っぽい土の広がりが一辺五メートルほどの四角形になって見えることが多い。この範囲を掘り下げていくと、竪穴建物の床面やカマドが現れる。ところが鴨巣Ⅰ遺跡は、遺構内に堆積した土と地山が酷似していたため、遺構の形を捉えられなかった。

だが、タワー上から広範囲に何度も地山を見ていると、程よい

写真1　調査用のタワー（北秋田市・地蔵岱遺跡）

写真2　鴨巣I遺跡出土の平安時代の器

曇り具合も相まって、所々にある微妙な土の違いがあることを察知できるようになった。そして次々と竪穴建物跡が発見されていったのである。中には火災に遭った建物もあり、多くの貴重な情報を提供してくれた。何より注目されるのが、カマドと反対側の壁際から、炭化した板材の上に当時の食器がきれいに並べられた状態で出土したことである（写真2）。土師器《はじき》（古代の素焼き土器）を主体とする食器の中には炭化した木の椀も含まれており、当時の食器のバリエーションや収納場所を知る上で貴重な事例となった。地上からの観察だけでは見逃していたかもしれない。タワーに感謝だ。

さて、調査には欠かせないタワーだが、高所恐怖症の人にとっては大変のようだ。かなり以前のことだが、タワーに上り、カメラを構えて撮影しようとした際、不規則で小さな揺れを感じた。揺れが収まるのを待ったが、なかなか収まらない。「この揺れは何だ？」。横を見て分かった。同僚の膝が小刻みに震えていたのである。
タワーは高くても五メートルほど。階段も付いているが、安全帯を装着していても慣れないと結構怖いものである。「高さの恐怖に打ち勝つこと」は、調査員としての通過儀礼かもしれない。

［村上義直］

第四十二話　実測図は「楽しい」

私たちは遺跡から出土した遺物を埋蔵文化財センターに持ち帰り、それらを洗浄、復元して資料化する。資料化の手段としては写真撮影と実測図（139頁、写真と図）作成があるが、実測図の方が様々な考古学的情報を表現し伝達するのに優れている。そして何より、実測図は「楽しい」。

石器時代人は、石器の素材となる石片に、鹿角《ろっかく》製の道具を押し付けたりして、直径一ミリにも満たない小さな割れを生じさせ、微妙に形を整えた。実測図作成ではまず第一に、石器の平面や断面の形、形を整える際に生じた数々の剥離面、キズや付着物の痕跡などを丹念に観察する。剥離面の一枚一枚には打ち割られた順番、つまり時間差（新旧関係）がある。古い剝離面ほど新しい剝離面によって切られるため、元の形を保つことはできない。それらを読み解いていくのは骨が折れる。

描き方には徹底した決まり事――一見すると絵のように見えても、打ち割った順番が分かるような記号（情報）を組み込んでいくことや、石器の向き（置き方）、正面・側面・裏面・断面図の位置関係など――があり、ルールに従って作図しなければ、第三者に正確な情報が伝えられない。という意味では「絵」というより「言語」に近い。

細かく観察していると、これを図化するわれわれの気持ちにもなってほしい、と石器時代人に言いたくもなる。だが形を正確に写し取り、剝離面の新旧関係を全て解明し、一枚の方眼紙に表現する作業を黙々と行っていると、何千年も前の人々による「石器製作苦労話」が聞こえてくる。

「左右対称にするために、ここを細かく、細かく打ち欠いたんだ」「ここを薄く仕上げたかったんだよな」「完成まであと一歩のところで先っぽが折れちゃった」

石器は案外おしゃべりだと思う。話に耳を傾けていると、あっという間に時間は過ぎていく。もちろん、作図者は聞き上手でなければならない。一点の石器からどれだけの情報を引き出せる

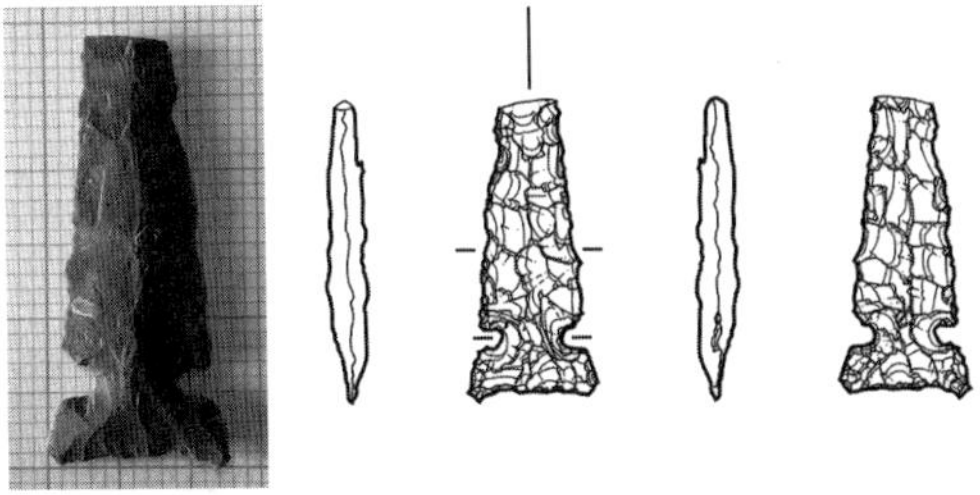

にかほ市上熊ノ沢遺跡出土の石鏃（縦2・9センチ）の写真とその実測図

かは、作図者の観察眼にかかっているからだ。

石器の実測図とは、石器時代人と現代の作図者の会話を「録音」したものとも言えるかもしれない。目の前にある石器がどのようにしてその形になったのか、また作図者がその石器をどのように理解したかを表現したものである。

このようにして描かれた実測図は遺跡発掘調査報告書に掲載され、全国の大学や自治体に配布される。研究者は実測図を読み取り、作図者が思いもよらない発見をすることがある。例えば、石器の時期や地域による形のわずかな差から文化の違いを見出したり、石器の作り方の特徴から、製作者の利き手を判別する研究まである。

埋蔵文化財センターに来て四年目（執筆当時）の私には、自分の実測図が誰かの論文に使われた経験はまだない。未来の研究者が私の実測図から何かを読み取り、新発見をしてくれることはうれしいことではあるが、石器を直に観察したにもかかわらず自分が気づかなかったとなれば悔しいことだろう。未来の研究者に負けないよう、石器を丹念に観察して図化しなくては。そんな思いを胸に、今日も石器に向かう。

［大上立朗］

第四十三話　炭一粒見落とさぬ

遺跡を発掘していると、黒い粒々が見つかることがある。炭の粒だ。木などがいったん炭化すると腐らず地中に残る。人が活動した場所にはたいてい火を焚いた痕跡があり、炉の跡などに炭が残っている。気を抜くと見過ごしてしまいそうな小さな炭粒だが、遺跡の年代を知らせる大切な役割を果たしている。

炭をはじめ動植物の遺骸から年代を割り出す手法を放射性炭素年代測定という。シカゴ大学のウィラード・リビーが一九四〇年代末に開発、彼はその業績で一九六〇（昭和三十五）年にノーベル化学賞を受賞した。原理は、大まかに言えば次のようなものだ。

大気中には炭素十四（以下C14）という放射性元素が存在し、地球上の生物は光合成や呼吸、食事などを通して常にＣ14を体内に取り込んでいる。生物が死ぬと体内のＣ14は徐々に減っていく。量が半分になるまでに要する期間（半減期）は五千七百三十年。例えば、樹木を燃やした後の炭が含むＣ14の量を測定し、大気中の炭素量と比較することで、樹木が伐採によって生命活動（＝Ｃ14の吸収）を停止してから何年たったのかが推定できる。今のところ、約六万年前まで測定が可能である。

だが、この測定方法には幾つかの仮定がある。一つには、大気中でつくられる炭素十四の量はいつの時代でも常に一定である、というものだ。しかし、実際にはさまざまな要因によって一定量ではない。

このため、炭素で測定した年代値を、別の方法で測った年代値とクロスチェックして修正する。チェックで用いるのは、樹木の年輪や湖底にたまった堆積物の層などだ。これらを駆使して、より正しい年代値に近づけるための較正プログラムの開発が国際的な研究チームにより進められている。二〇二〇（令和二）年八月に発表された最新のプログラム「Ｉｎｔｃａｌ20」はネット上で誰でも利用できる。

試しに一九九一（平成三）年、九三（同五）年度調査時の横手市岩瀬《いわせ》遺跡からかつて検出・測定さ

能代市茱萸ノ木遺跡出土の炭化物。年代測定で5301～5050年前（縄文中期）のものと推定

れた試料を最新版の較正プログラムにかけてみたところ、石器製作工房跡の炉に残っていた炭からは一万三千百六十八～一万二千五百九年前という年代値が得られた。この遺構からは石器と縄文土器の破片が出土している。放射性炭素年代測定によって、本県で縄文時代最古級の工房跡と土器であることが、最新のデータとして、数値で具体的に示されるのだ。

地中に埋まっている炭（写真）は、霜柱や動植物の活動などさまざまなことに起因して土の中を動く。そのため、年代を特定したい地層や遺構の炭かどうか、発掘現場で慎重に確かめなければならない。また、試料となる炭が、より新しい炭など他の物質で汚染（コンタミネーション）されて測定値に影響を与えることのないよう、細心の注意を払って取り扱う必要がある。

炎天下の発掘現場でも、私たちは炭一粒も見落とさぬよう、地面にはいつくばるようにして調査を進めている。やる気を支えているのは、丁寧に仕事をして得られた試料は将来にわたって利用できるものであること、そして、この秋田の歴史を明らかにしていきたいという想いに尽きる。

［吉川耕太郎］

第七章　活用

第四十四話　ジオラマを作る

遺跡の発掘現場をみても、当時そこにどんな建物が建っていたか、どんな景観が広がっていたか、想像するのは難しい。そこで、私たちは見つかった遺構や遺物から当時の様子を再現して、一般の方々に分かりやすく伝える努力をしている。

遺跡の再現といえば、いまや3Ｄ（三次元）のＣＧ（コンピューターグラフィックス）が流行だが、より一般的な方法としては、博物館などでおなじみのジオラマ（立体模型）がある。埋蔵文化財センターでも展示用にジオラマを製作することがある。

一般国道七号鷹巣大館道路建設に先立ち二〇一二（平成二十四）年に発掘調査が行われた北秋田

写真1　上空から見た藤株遺跡手前が集落跡。左右に走るのが国道105号、建設中だった高速道が奥（大館方面）へと延びる

市脇神の藤株《ふじかぶ》遺跡（写真1）では、縄文時代早期から晩期までのたくさんの建物跡などの遺構や、石器・土器などの遺物が発見された。特に縄文時代後期（約四千〜三千年前）の竪穴建物跡九棟が見つかり、集落跡であったことがわかった。そこで当時の集落の様子を再現展示するため、ジオラマを製作することにした。

まず、縮尺を展示スペースに合わせて「実物の七十五分の一」とした。次に発掘調査に用いた詳細な地形図を、この縮尺と同じになるように拡大し、図上の等高線（一メートル間隔）に沿って発泡スチロール板を切り出す。等高線ごとに全て切り出したら、それを順に重ねて地形をおおまかに再現する。さらに、スチロール板の段差をなくすため粘土（藤株遺跡のジオラマでは土器修復用エポキシ樹脂を使用）を張り付けて滑らかに成形する。

こうして地面ができたら、遺構配置図に合わせて竪穴建物跡や貯蔵穴などの位置に穴を開けていく。発掘調査では年代の異なる遺構が混在して見つかるが、ジオラマ製作では、特別な意図がない限り、同時期のものだけを選ぶのが基本だ。

遺構の成形ができたら上屋《うわや》を製作する。上屋の構造は柱穴から推測するしかない。藤株遺跡では直径四～五メートルの竪穴床面に沿って、二十本以上の柱穴が円形に並んでいた。そこで全国の復元事例も参考にしながら、円錐形の住居として再現することとした。床面の石囲炉《いしがこいろ》は小さな石片を埋め込んで作り、建物の骨組みはつまようじを使った。

写真２　藤株遺跡を再現した75分の１のジオラマ

竪穴の縁には、壁を支えるために木の板を立てたと思われる溝が掘られていたので、紙で木の板を一枚一枚それらしく作り、壁に張り付けていく。屋根は内部の様子がわかるように半分だけとし、手ぼうきの穂先で葺いた。さらに縄文人を粘土で作る。当時の平均身長を百五十センチと仮定すると、人形は二センチ弱となり、かなり細かい作業になる。狩りをしていたり、料理をしていたり、貯蔵穴に木の実をしまっていたりと、それぞれのポーズを決めて配置する。犬やイノシシも作って生活感を出した。このひとときは楽しいものである。最後に木や藪を針金とスポンジで作って配置し、アクリル絵の具で塗装して完成（写真２）となった。

藤株遺跡のジオラマは埋蔵文化財センター中央調査班（秋田市新屋栗田町）で展示している。縄文人がどんな暮らしをしていたのか、想像の手助けになれば幸いに思う。

［袴田道郎］

第四十五話　平安期の再現模型

「古い建物」というと、奈良の法隆寺や京都の平等院といった飛鳥時代以降に建てられた神社仏閣を思い浮かべるのではないだろうか。秋田なら室町時代の建立とされる古四王《こしおう》神社（大仙市）や波宇志別《はうしわけ》神社（横手市）といったところか。

では人々が日常生活を送っていた建物は、どのようなものだったのだろう。現存する建物としては、江戸時代以降の武家屋敷や豪農の住宅などが思い当たる。もっと古い時代はどうであったのか。縄文時代や弥生時代、古代（奈良・平安時代）の建物はおおむね、地面を掘り下げて床を平らにした竪穴式である。地面を掘り下げないものは掘立柱《ほったてばしら》建物という。屋根や柱が現存しなくても、床面に掘られた柱穴や炭化して残った屋根材などから、建物の構造を復元することができる。

前の話でも紹介したように、一般の方に説明する際は復元図や模型があれば分かりやすい。史跡整備などでは、現地に建物が復元されることもある。秋田市御所野の史跡地蔵田《じぞうでん》遺跡（愛称「弥生っこ村」）に実物大で復元された弥生時代の竪穴建物の造りは、屋根の軒先が地面から離れている「壁立《かべたち》式」で、茅葺きを施している。

縄文時代の復元模型に比べて平安時代のものは少ないようで、埋蔵文化財センターにもなかった。そこで、展示説明用に平安時代の建物模型を作ることにした。

平安時代の竪穴建物の床面は平面四角形が主流で、壁際に饅頭形のカマド（煮炊き用の設備）が付属していることが多い。カマドには、薪を燃やした煙を屋外に排出するための煙道が取り付けられる。

全国の復元例を参考に製作に取り掛かった。調査した竪穴建物跡の平面図や断面図を基に、発泡スチロールの地面を掘り込み、粘土を張り付けて形を整える。カマドと煙道も粘土で作り、枯れ枝を削って柱や梁《はり》とした。壁は地蔵田遺跡等を参考とし、屋根は手箒《てぼうき》を再利用して茅葺きを表現した。屋根の形は農村の古民家をイメージし、やや手間はかかったが入母屋《いりもや》風とした（次頁、写真1）。

写真1　平安期の竪穴建物の模型

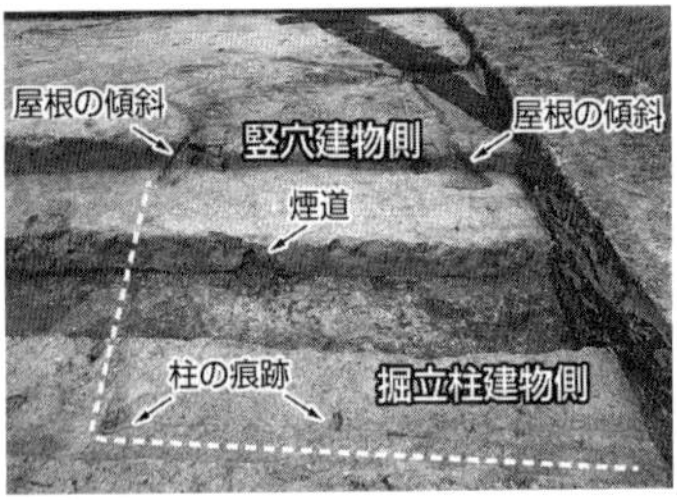

写真2　片貝家ノ下遺跡の竪穴・掘立柱併用建物跡

二〇一五（平成二十七）年に調査した大館市比内町の片貝家《かたかいいえ》ノ下《のした》遺跡では、九一五（延喜十五）年の十和田火山噴火で引き起こされたシラス洪水の泥流に埋まった竪穴建物跡が複数発見された。屋根の上に載せられていた土がそのまま残ったおかげで、屋根の形を立体的に確認することができた。その結果、地蔵田遺跡の壁立式とは違い、軒先が地面に達する「伏屋《ふせや》」であると分かった。

写真2の建物跡は、竪穴建物に掘立柱建物が接続する併用建物で、カマドの煙の出口が掘立柱建物側にあった。どのような構造なのか興味深いが、まだ本格的な発掘調査は行われておらず、集落の全容を捉えるためのレーダー探査が続いている。いつか竪穴・掘立柱併用建物の再現模型を製作することを楽しみにしている。

［袴田道郎］

第四十六話　触って、感じて、考える

「これってホンモノ？　さわっていいの？」。小学生たちの声が埋蔵文化財センターに響く。当センターが提供する体験学習の一こまだ。

埋蔵文化財センターは遺跡の発掘調査とその整理作業を経て、報告書を刊行するまでが主な仕事だが、それだけでは遺跡の価値を広く一般の方々に伝えることはできない。そこで、講座や展示などの教育普及活動を行っている。校外学習として子どもたちにさまざまなことを体験してもらう活動は、その中核の一つとなっている。

小学校利用は、日本の歴史を学ぶ六年生が多くなる。来所した子どもたちには秋田県内で出土した土器や石器に触れてもらい（次頁、写真）、教科書だけでは感じることのできない「本物のすごみ」を体感してもらうことを重視している。壊してしまわないかと触るのをためらう子もいるが、持ち方を教えてあげると、コツをつかんで熱心に観察し始める。

「この石器、スコップみたい」「正解！」、「この土器についている黒いシミは何？」「アスファルトだよ」「えっ？　道路をつくるときに使うやつ？　なんで？」

センター展示室で縄文土器の棺を持つ子どもたち

何千年もの間、土の中に眠っていた遺物である。どんな使い方をしたのか、どのような暮らしをしていたのか、遺物に残るわずかな痕跡を手がかりに想像力を働かせる。その姿はまるで考古学者のようだ。

発見したこと、疑問に思ったことを発表してもらう場では、子どもたちの新鮮な感性に、こちらの方が学ぶことも多い。時には土器や石器を携えて出前授業も行う。

授業では学校周辺にある遺跡のことも紹介する。すると「自分の家や学校の近くにも遺跡があるんだ！」という興奮した声があちこちから聞こえてくる。遺跡が一気に身近な存在になる。それが縄文遺跡だとすれば、縄文人の暮らしていた土地の上に現在までの生活が積み重なっている、という「感覚」を養うことができる。

出土品の肌触りや重さなどから先人の知恵や苦労を感じ取ることで、歴史はより身近なものとなる。地域にある文化財の大切さを認識することにもつながるだろう。

今年も遺跡からの出土品に触れてみて感じること、考えることを子どもたちに体験してもらいたい。どんな反応を見せてくれるだろうか。来たる日に向けて準備を進めている。

授業が終わっても名残惜しそうに出土品の周りに集まり、子ども同士で議論が交わされる。「考古学って面白い。将来、考古学者になりたい」と言ってくれたりすれば、こちらもうれしくなってくる。この子どもたちの中から、秋田の歴史を解明してくれる考古学者が誕生するのではないかと密かに期待している。

［堀川昌英］

第四十七話　体験メニューの開発

どうすれば子供たちに埋蔵文化財の魅力を伝えられるか。埋蔵文化財センターの資料管理活用班は、磨製石斧《ませいせきふ》の製作や火起こし、弓矢など、いくつかの体験活動メニューを開発してきた。そのうちの一つ、小学六年生を対象とした縄文土器の「施文《せもん》」体験を紹介しよう。

施文とは縄文土器に文様を付けることで、そのための道具を「施文具《せもんぐ》」という。施文具の中でも、縄文土器の名前の由来となった縄目《なわめ》文様を付ける施文具が「縄文原体《げんたい》」である。

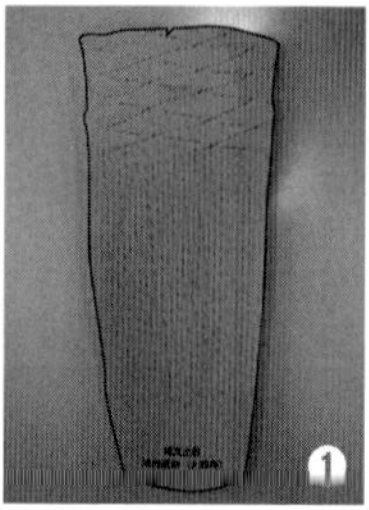

これまでの体験活動では、粘土を敷き詰めたトレーの上で縄文原体を転がし、できた文様を観察するといったものだった。せっかくだから子供の作品として残せないものか。

そこで思いついたのが、台紙の上にカーボン紙を載せ、縄文原体を押し当てて転がし、台紙に文様を写し取る方法。だが、ぼやけた文様にしかならない。縄文原体とした紙ひもが柔らかすぎたのだろう。縄文時代に実際使われていたと考えられる植物のカラムシや麻の繊維で試してみた。すると、ようやく満足のいく出来栄えとなった。

文様を写し取る台紙もいろいろと試してみた。その結果、普通紙よりも薄い「ざら紙」、色も土器に近い褐色にし、土器の輪郭を印刷した。さらに、転写の際に台紙が滑らないように、発泡スチロール板に紙やすりを張り付けた下敷きを用意し、縄文原体の種類も増やした。こうした工夫により、本物に近い縄目文様を再現できるようになった（写真❶）。

もっと縄文原体を活用できないだろうかと教材用品を調べていると、べたつかず、数日で硬くなる粘土を見つけた。この粘土を、土器の輪郭が印刷された紙に載せ、輪郭に沿って延ばし、竹べらで形を整える。これに施文する方法を考えた。

ただし、土器の口縁部などに施された複雑な造形を再現するのは難しいので、型枠を作ることにした。モデルは小坂町中《なか》小《こ》坂《さか》遺跡の縄文土器だ。木片を彫刻刀で彫り、型枠を作った。体験活動では土器上部を型枠で整形し、下部を原体で施文する。高さ四センチほどのミニチュアだが、縄文土器に近い質感になる（写真❷、❸）。さらに県庁出前講座の体験活動向けに、縄目文様のペンダント（写真❹）が簡単に作れるように考案した。

❸

❹

体験活動のメニューづくりは試行錯誤の連続であったが、創意工夫できる楽しみがある。職員が楽しんで開発したことは利用者にも伝わるようだ。学校の先生からも「職員の方の思いが感じられた」というありがたい感想をいただいた。そして、何よりも私自身、縄文人の知恵と工夫に触れることができた。埋蔵文化財センターでは、魅力的な体験メニューの開発に知恵を絞り続けている。

［鈴木裕］

第四十八話　文化財は預かりもの

「埋蔵文化財」という言葉は一般に聞き慣れないと思う。私の職場は「埋蔵文化センター」と、「財」を抜かして紹介されることがある。その方が言いやすいからだろう。

『広辞苑』（第七版）によると、「財」は「価値のあるもの」「人間の物質的・精神的生活にとって何らかの効用があるもの」、「文化財」は「文化活動の客観的所産としての諸事象または諸事物で価値を有するもの」とある。そして「埋蔵文化財」は地中に埋もれた文化的価値を有するものとして、一九五〇（昭和二十五）年制定の文化財保護法に定められている。

では具体的にどのような価値があるのか。縄文遺跡群の世界文化遺産登録のようなビッグニュースでもない限り、実生活では感じにくい。

見方を変えて、埋蔵文化財がもし皆無であればどうなるだろう。文献史料上、「あきた（齶田）」は飛鳥時代にあたる六五八年の項目の斉明天皇四年四月条に初めて登場するから、そこらあたりから「秋田の歴史」が始まるのかもしれない。本当は何千年も何万年も前から人々が生活をしていたのにもかかわらずだ。

埋蔵文化財センターはこれまでの四十年間で、約五百カ所の遺跡を調査（写真）してきた。県内で知られている遺跡約五千カ所の一割にあたる。地中には文字で記録されていない生《なま》の歴史があった。本県には約三万五千年前の旧石器時代から現在まで連綿と人々の歴史がつながっている。埋蔵文化財という「過去の証人」が存在しなければ、本書で紹介しているような人々の歴史はなかったことになってしまうのである。

長さ30《メートル》超の縄文時代の大形住居（大仙市上ノ山Ⅱ遺跡）。遺跡では予想をはるかに超える発見がある

秋田で人々がどのように暮らし、文化を築いてきたのかを知ろうとするとき、埋蔵文化財は多くのことを教えてくれる。凍てつく氷期の大地でナウマン象と対峙した旧石器人の暮らしぶりだとか、県北と県南の地域性の違いはどうやら縄文時代前期（約七千年前）にさかのぼるとか、奈良・平安時代に当時最先端のテクノロジーであった製鉄技術が県内の隅々にまで広まっていったプロセスだとか。

厳しくも豊かな自然を享受した人々、火山噴火や大地震などの災害に直面しながら復興を成し遂げた人々。そうやって紡がれてきた歴史の先端に今の私たちの暮らしがあり、さらにその先に秋田の未来がある。

そう考えると、過去への問いかけと探求は、秋田の今を知ると同時に、より良い未来を築くためのものでもある。

私の好きな言葉に、ネイティブアメリカンの「この土地は七世代先の子孫からの預かりもの」というのがある。埋蔵文化財も私たち現代人だけが利用するものではないことに気付かされる。発掘現場に立つとき、埋蔵文化財から学び、価値を守り、未来の秋田人へ「返さないといけない」と決意を新たにする。

［吉川耕太郎］

第四十九話　「その人」は解き明かす

「その人」は、秋田県のシンボルマークが入ったヘルメットと作業着を身につけ、工事現場のようなところで多くの現場作業員と共に仕事をしていたりする。ただし重機の数が少なく、手作業が圧倒的に多いことが、一般的な工事現場とは異なる。六月から十月ころを中心に平日は現場近くに宿をとり、毎日汗だくになって現場監督として発掘調査を進めている。安全に配慮し、かつ天候にも左右される中で、定められた期間内に作業を終えなければならない。掘ってみなければ分からない状況下で、それぞれの作業員に作業の方向性を示しながら調査を進めていくことは、なかなか大変なことだと思われる。でもその人は、他の作業員と共に秋田県におけるはるか昔の人の営みに、現代の代表として初めて触れることができるのだ。

また、「その人」は十一月から翌年五月ごろにかけて埋蔵文化財センターに通常出勤し、土器片や石器などの出土遺物を複数の整理作業員と共に洗浄したり、つなぎ合わせて復元したり、計測していたりする。大きな作業台に遺物が所狭しと並んでいる中で、作業の手順・方法や資料の見方・取り扱い方などさまざまな指示を出しながら自身も遺物に向き合い、パソコン端末を操作し、まるで大学の研究室のような雰囲気が漂う。ここでの作業の大きな目的は、他の遺跡の発掘成果と比較しながら、土器や石器の年代を特定し、時には科学的分析を専門機関に依頼して、その遺跡を歴史上に位置付けることにある。調べても分からないことはたくさんあるが、客観的なデータを記録しておけば、将来の発掘成果などと関連付けて見えてくることもあるのだ。

縄文時代の遺跡で地層を観察する文化財専門職員

「その人」は、整理作業を進めながら、その年度の発掘成果をまとめた文書を作成し、次年度の発掘調査計画や調査予算の立案もしている。この局面だけ切り取ると、事務職員のように見えるかもしれない。このような作業と並行して、遺跡の調査成果を一般県民にわかりやすく伝えようと、展示を工夫したり、県民向けの講座で説明したりすることもある。この時は学芸員のようにも見えるだろう。

「その人」こと「埋蔵文化財専門職員」は現場監督、研究者、事務職員、学芸員と、さまざまな顔を持ちながら、自身の専門性を発揮して秋田の歴史の一端を日々解き明かそうとしているのである。もしあなたが中高生なら、「その人」（写真）を目指してみてはどうだろう。教科書の記述に疑問を抱いたり、教科書には載っていない歴史に想像を膨らませたりするのが好きな人は挑戦してほしい。

［藤原健］

第五十話　遺跡通じて問う未来

秋田県埋蔵文化財センター（次頁、写真）は一九八一（昭和五十六）年の開設から現在までの四十年間で、約五百件、面積総計二百十四ヘクタールの発掘調査を行い、延べ千百三十人の職員が業務に携わってきた。屋内外の作業に関わった作業員も含めれば、優に一万人を超える。「これほどの時間と労力をかけて埋蔵文化財の発掘調査を行うのはなぜ」という疑問も出てきそうだ。

センター設立の主な目的は、国や地方自治体などが土木工事を行うにあたり、そこに遺跡などの埋蔵文化財が存在することがあらかじめ分かっている場合、工事に先立って発掘調査を行うことにある。遺跡は「現地保存」が最も望ましいが、全て現地保存では開発ができなくなる。そこで次善の策として「記録保存」がある。現地の状況を発掘調査に基づき文字や図面、最近ではデジタル技術を活用しながら記録として残す方法だ。

一九四九（昭和二十四）年の法隆寺金堂の火災を機に翌五〇（同二十五）年に文化財保護法が制定され、埋蔵文化財を保護する仕組みが整った。一方で同時期からの高度経済成長に伴って大規模開発が全国で進行した。ここに「開発」か「保護」かという議論が巻き起こる。

南側上空から県埋蔵文化財センター（手前の建物）と払田柵跡を望む

ところで、県内の遺跡を発掘していると、人々はさまざまな道具を発明・発達させ、周辺の環境に働きかけてきたことが分かる。縄文時代は「自然との共生」というイメージが強いが、大規模な集落や祭祀場を築くために森林を切り開いたり、石器の材料を採掘するために山を掘り返したりした。これも「開発」と言えるだろう。本書で見てきたように、古代以降は水田開発が進み、役所の造営、中・近世には平野や山に館や城を築造し、城郭を中心とした城下町、港湾都市が造られるようになる。

このように人間の歴史は「開発」とともにあるのだが、「保護」という行為の痕跡も確かめることができる。たとえば環状列石などのモニュメントは数百年という長期間にわたって、縄文人の意思によって「残されたもの」かもしれない。人は明日の生活のために開発をするが、自らのよりどころとなるような場やモノなどは保護し受け継いできた。古墳時代の巨大墳墓などは後世に残すことを前提として築造されたのであろうし、平安京はその墳墓を壊して築かれているという事実に、開発と保護のいずれか一辺倒ではない人の営みを知ることができる。

「開発」か「保護」か。それはどちらか一方を優先させるのではなく、車のアクセルとブレーキのようなものだ。アクセルだけでは事故になるし、ブレーキだけでは前に進まない。いま、文化的景観や歴史的建造物などの消失が改めて問題にされているのは、「開発」と「保護」のバランスが失われかけ、人々がそれに気づきつつあるということなのかもしれない。

埋蔵文化財はその地域で生きてきた人々の営みの集積である。遺跡や遺物の研究によって地域の独自性や他地域との共通性が明らかになることで、自分が生まれ育った地域への愛着がより深まり、同じように他地域の文化や歴史も尊重できるようにもなるのではないか。そこからさらに先の人間の未来を見通していく。埋蔵文化財センターの仕事がそうした人間の営みの一助になればいい。

［吉川耕太郎］

秋田県埋蔵文化財センター年表

昭和五五年　二月　　　　秋田県埋蔵文化財センター設立計画の公表
　同　　一〇月二六日　建設工事開始
昭和五六年　八月三一日　センター、第一収蔵庫完成
　同　　一〇月　一日　設置条例施行、職員発令、業務開始
　同　　一一月　二日　落成記念式典挙行
昭和五七年　三月一四日　センターを会場として秋田県埋蔵文化財発掘調査報告会の開催（以降、毎年度開催）
昭和六〇年　三月一七日　大曲仙北広域交流センターにて秋田県埋蔵文化財発掘調査報告会を開催（以降、センター外の施設での開催となる）
昭和六一年　三月三一日　研究紀要第一号発刊
平成　五年　一月　　　　第二収蔵庫完成
平成　六年一〇月一四日　東北横断自動車道秋田線（秋田市ー山内村間）発掘調査終了記念展『もうすぐ歴史が見えてくる』を大曲仙北広域交流センターにて開催
平成　八年　四月　一日　学校の校外学習であるセカンドスクール的利用の開始　初年度のセンター利用数は一一校五九七名
平成一〇年　四月　二日　鷹巣町（現北秋田市）に北分室を開設

平成一一年　四月二九日　北分室開設一周年を記念して、『米代川流域の縄文文化展―伊勢堂岱遺跡を中心に―』を鷹巣町たかのす風土館にて開催
平成一一年一二月二〇日　秋田市に秋田整理室を開設
平成一二年　四月　四日　秋田整理室の名称を中央分室に変更
平成一三年　四月　二日　機構改革により南調査課・北調査課・中央調査課の三課体制
平成一三年　五月　二日　日本海沿岸東北自動車道河辺～琴丘間発掘調査終了記念展『生業《なりわい》・器《うつわ》・祈り』を秋田県生涯学習センターにて開催
平成一三年　六月二〇日　秋田県甘粛省文化交流事業により交流員の相互交流開始
平成一四年　三月　二日　秋田県埋蔵文化財センター設立二〇周年記念式典挙行
平成一五年一〇月一七日　秋田県甘粛省文化交流事業で武威《ぶい》市磨嘴子《ましし》遺跡合同発掘調査開始
平成一五年一〇月三〇日　センター屋根・外壁・内部大規模改修工事終了
平成一七年　四月　一日　男鹿市に中央調査課男鹿整理収蔵室を開設
平成一九年　三月三一日　『森吉山ダム建設事業に係る埋蔵文化財発掘調査の記録　小又川の一万年』を刊行
平成一九年一二月一六日　センター特別展示室をリニューアルし、企画展を開催（以降、毎年度開催）
平成二〇年　三月三一日　北調査課・中央調査課閉課
同　　　　四月　一日　機構改革により、総務班・調査班・資料管理活用班・中央調査班（男鹿市）の四班体制

平成二二年　七月　一日　秋田市新屋に中央調査班移転
平成二四年　三月　六日　秋田県埋蔵文化財センター設立三〇周年記念式典挙行
平成二八年　九月　四日　秋田県埋蔵文化財センター設立三五周年記念講演会開催
令和　四年　二月　　　　秋田県埋蔵文化財センター設立四〇周年記念式典（新型コロナウィウルス感染症拡大防止のため中止）
令和　四年　三月　　　　ユーチューブ「あきた埋文チャンネル」公開

編者略歴

磯村亨《いそむらあきら》

一九六四年秋田県秋田市金足生まれ。國學院大學文学部史学科考古学専攻卒。秋田県埋蔵文化財センター、秋田県教育庁生涯学習課文化財保護室、秋田県埋蔵文化財センター中央調査班長などを経て、二〇二〇年から秋田県埋蔵文化財センター所長、現在に至る。論文等に「男鹿市袚川Ｉ遺跡出土の中世陶器―特に越前・珠洲系陶器について―」『秋田県埋蔵文化財センター研究紀要』第12号、「結髪形土偶―男鹿市上鮪川Ｉ遺跡で発見された遺物から―」『同』第13号、「中世堂の下遺跡の製鉄関連遺構・遺物の検証（1）」『同』第36号、「琴丘町堂の下遺跡」『中世出羽の諸様相―寺院・生産・城館・集落―』など。

吉川耕太郎《よしかわこうたろう》

一九七三年兵庫県神戸市長田区生まれ。明治大学大学院文学研究科史学専攻博士前期課程修了。秋田県埋蔵文化財センター、秋田県教育庁生涯学習課文化財保護室、秋田県立博物館、秋田県教育庁払田柵跡調査事務所調査班長、秋田県埋蔵文化財センター副主幹（兼）資料管理活用班長を経て、二〇二三年から同調査班長。論文に「東北地方における旧石器時代の編年と年代」『旧石器研究』第一〇号（日本旧石器学会、二〇一四年）、単著に『北の縄文鉱山　上岩川遺跡群』（新泉社、二〇一二年）、共著に『縄文石器提要』（ニューサイエンス社、二〇二〇年）、『どうぶつのことば』（羽鳥書店、二〇一六年）など。

執筆者一覧（五〇音順）：出身地・職名（連載時点）

赤上秀人《あかがみひでひと》／秋田県仙北市・学芸主事
赤星純平《あかほしじゅんぺい》／東京都杉並区・文化財主任
宇田川浩一《うだがわこういち》／千葉県千葉市・副主幹
大上立朗《おおかみたつろう》／岩手県久慈市・文化財主事
乙戸崇《おつとたかし》／岩手県宮古市・文化財主任
小松和平《こまつかずへい》／秋田県大仙市・文化財主事
小山美紀《こやまみき》／岩手県北上市・文化財主事
鈴木裕《すずきゆたか》／秋田県横手市・学芸主事
髙橋和成《たかはしかずなり》／秋田県大仙市・文化財主査
冨樫那美《とがしなみ》／北海道札幌市・文化財主任
袴田道郎《はかまだみちろう》／秋田県秋田市・主任文化財専門員（兼）中央調査班長
藤原健《ふじわらたける》／秋田県横手市・副所長
堀川昌英《ほりかわまさひで》／秋田県大仙市・学芸主事
村上義直《むらかみよしなお》／秋田県五城目町・副主幹（兼）調査班長
森谷康平《もりやこうへい》／山形県東根市・文化財主事
山村剛《やまむらつよし》／静岡県浜松市・学芸主事
谷地薫《やちかおる》／秋田県小坂町・文化財主査

埋文職員のおすすめ本

【考古学・埋蔵文化財・日本史全般】

阿部芳郎　二〇一〇『考古学の挑戦　地中に問いかける歴史学』（岩波ジュニア新書）
網野善彦　二〇〇五『日本の歴史をよみなおす（全）』（ちくま学芸文庫）
小野昭　二〇二〇『シリーズ「遺跡を学ぶ」別冊05　ビジュアル版考古学ガイドブック』（新泉社）
菊池徹夫　二〇〇七『考古学の教室　ゼロからわかるQ＆A 65』（平凡社新書）
鈴木公雄　一九八八『考古学入門』（東京大学出版会）
鈴木公雄　二〇二一『考古学はどんな学問か』（ちくま学芸文庫）
田中琢・佐原真　一九九三『考古学の散歩道』（岩波新書）
中塚武　二〇二二『歴史文化ライブラリー544　気候適応の日本史　人新世をのりこえる視点』（吉川弘文館）
根岸洋　二〇二二『縄文と世界遺産―人類史における普遍的価値を問う』（ちくま新書）
藤本強　二〇〇九『市民の考古学④　日本列島の三つの文化』（同成社）

松木武彦　二〇二一『はじめての考古学』（ちくまプリマー新書）
水ノ江和同　二〇二〇『入門　埋蔵文化財と考古学』（同成社）
コリン・レンフルー他　二〇〇七『考古学―理論・方法・実践』（東洋書林）

【旧石器時代】

安蒜政雄　二〇一七『日本旧石器時代の起源と系譜』（雄山閣）
海部陽介　二〇〇五『人類がたどってきた道〝文化の多様化〟の起源を探る』（NHKブックス）
佐藤宏之　二〇一九『ヒスカルセレクション考古1　旧石器時代　日本文化のはじまり』（敬文舎）
白石浩之　二〇〇二『旧石器時代の社会と文化』日本史リブレット1（山川出版社）
堤隆　二〇〇九『シリーズ「遺跡を学ぶ」別冊02　ビジュアル版旧石器時代ガイドブック』（新泉社）
堤隆　二〇一一『シリーズ列島の考古学　旧石器時代』（河出書房新社）

【縄文時代】

今村啓爾　一九九九『歴史文化ライブラリー76　縄文の実像を求めて』（吉川弘文館）

小林達雄　一九九九『最新縄文学の世界』（朝日新聞社）
小林達雄　二〇〇二『縄文土器の研究〈普及版〉』（学生社）
谷口康浩　二〇一九『入門縄文時代の考古学』（同成社）
勅使河原彰　二〇二一『縄文時代を知るための110問題』（新泉社）
戸沢充則編　二〇〇二『縄文人の時代　増補版』（新泉社）
山田康弘　二〇〇八『生と死の考古学　縄文時代の死生観』（東洋書店）
山田康弘　二〇一九『縄文時代の歴史』（講談社現代新書）

【弥生・古墳時代】
石川日出志　二〇一〇『シリーズ日本古代史①　農耕社会の成立』（岩波書店）
設楽博己　二〇一九『ヒスカルセレクション考古③　弥生時代　邪馬台国への道』（敬文舎）
藤尾慎一郎　二〇一五『弥生時代の歴史』（講談社現代新書）
大塚初重　二〇二一『邪馬台国をとらえなおす』（吉川弘文館）
森浩一　二〇一五『森浩一著作集第1巻　古墳時代を考える』（新泉社）

森浩一　二〇一一『天皇陵古墳への招待』（筑摩書房）
若狭徹　二〇一五『東国から読み解く古墳時代』（吉川弘文館）

【古代】

阿部義平　一九九九『シリーズ日本史のなかの考古学　蝦夷と倭人』（青木書店）
近江俊秀　二〇一六『古代日本の情報戦略』（朝日選書）
工藤雅樹　二〇〇〇『古代蝦夷』（吉川弘文館）
熊谷公男　二〇一五『東北の古代史3　蝦夷と城柵の時代』（吉川弘文館）
鈴木拓也　二〇一六『東北の古代史4　三十八年戦争と蝦夷政策の転換』（吉川弘文館）
新野直吉　一九九六『やさしい謎解き　新・古代東北史』（歴史春秋社）
新野直吉　二〇〇三『古代東北と渤海史』（歴史春秋社）
新野直吉　二〇〇七『歴史文化セレクション　田村麻呂と阿弖流為　古代国家と東北』（吉川弘文館）
木簡学会編　二〇一〇『木簡から古代がみえる』（岩波新書）

【中近世】

浅野晴樹　二〇二〇『中世考古〈やきもの〉ガイドブック　中世やきものの世界』（新泉社）

小野正敏　一九九七『戦国城下町の考古学　一乗谷からのメッセージ』（講談社選書メチエ）

千田嘉博　二〇二一『城郭考古学の冒険』（幻冬舎新書）

中世土器研究会編　二〇二二『新版　概説中世の土器・陶磁器』（真陽社）

中井淳史　二〇二二『歴史文化ライブラリー540　中世かわらけ物語　もっとも身近な日用品の考古学』（吉川弘文館）

中井均　二〇一六『城館調査の手引き』（山川出版社）

森孝一　二〇一七『器の教科書　完全版』（宝島社）

矢部良明　一九九三『やきものの鑑賞基礎知識』（至文堂）

【学史・自伝・人物評】

阿部芳郎　二〇〇四『失われた史前学　公爵大山柏と日本考古学』（岩波書店）

大塚初重　二〇一六『掘った、考えた』（中央公論新社）

海戸塾　二〇二二『考古地域学を学ぶ―戸沢充則の考古学』（新泉社）
坂野徹　二〇二二『縄文人と弥生人　「日本人の起源」論争』（中公新書）
澤宮優　二〇一六『「考古学エレジー」の唄が聞こえる　―発掘にかけた青春哀歌―』（東海教育研究所）
藤森栄一　二〇二二『シリーズ学生社考古学精選　かもしかみち』（雄山閣）
望月昭秀・田附勝　二〇二〇『蓑虫放浪』（図書刊行会）
森浩一　一九九八『僕は考古学に鍛えられた』（筑摩書房）
森浩一編　一九九八『考古学の先覚者たち』（中公文庫）

【秋田県】

秋田県教育委員会編　二〇〇四『秋田の史跡・考古』（カッパンプラン歴史文庫）
秋元信夫　二〇〇五『シリーズ「遺跡を学ぶ」０１７　石にこめた縄文人の祈り・大湯環状列石』（新泉社）
五十嵐典彦　二〇一三『秋田ふるさと選書２　あきたの町並みと町家―歴史空間の継承に―』（秋

田文化出版）
伊藤武士　二〇〇六『「日本の遺跡」12　秋田城跡　最北の古代城柵』（同成社）
塩谷順耳・冨樫泰時　熊田亮介・渡辺英夫・古内龍夫　二〇〇一『県史5　秋田県の歴史』（山川出版社）
庄内昭男　二〇〇六『秋田ふるさとやきもの好　見つける喜びがあふれてる』（カッパンプラン歴史文庫）
冨樫泰時　一九八五『日本の古代遺跡24　秋田』（保育社）
冨樫泰時　一九九〇『おもしろ秋田むかし考』（無明舎出版）
冨樫泰時編著　二〇一一『秋田県考古学研究史　調査・発掘調査年表』（書肆えん）
奈良修介・豊島昂　一九六七『郷土考古学叢書〈3〉　秋田県の考古学』　斎藤忠監修（吉川弘文館）
吉川耕太郎　二〇一二『シリーズ「遺跡を学ぶ」083　北の縄文鉱山・上岩川遺跡群』（新泉社）
根岸洋　二〇二〇『東北地方北部における縄文／弥生移行期論』（雄山閣）
渡部景一　一九八三『図説　久保田城下町の歴史』（無明舎出版）

【シリーズ本】

青木書店『講座日本の考古学』

河出書房新社『シリーズ列島の考古学』

新泉社『シリーズ「遺跡を学ぶ」』

東京大学出版会『ＵＰ考古学選書』

同成社『シリーズ日本の遺跡』

同成社『市民の考古学』

ニューサイエンス社『考古調査ハンドブック』

あとがき

本書は、秋田県埋蔵文化財センター設立四十周年を記念して、秋田魁新報紙上に令和三年四月から令和四年七月にかけて連載したコラム「土に聴け」（全五十回）をまとめたものです。連載中は読者の皆さんから様々な反応をいただき、コラムを切り抜いたスクラップブックを見せてくださる方もいらっしゃいました。そうした中で、「一冊の本にすれば、秋田の埋蔵文化財の面白さをもっと広く伝えられるかも」という思いがわいてきました。実際、書籍化してほしいとのお声も幾つか届いていました。そこで、コラムを担当していただいていた秋田魁新報社文化部の相馬高道さんに相談して同社企画事業部に話を通していただきました。その後、同部の三浦美和子さん、佐藤陽輝さんとの最初の打ち合わせの場を持つことができ、同社としても書籍化について考えていたとの話を伺うことができました。そこからは、佐藤さんらとの共同作業によって編集が進められました。

本コラムは、私たち埋蔵文化財センターの仕事をより多くの人に知ってもらいたいとの思いで企画したものです。今までの四十年間でどんな遺跡を調査したのか、職員がそこで何を考え、悩んだのか、さらに、最新の研究やその途上の成果も織り交ぜながら、時として開けっ広げに語っています。執筆に際しては、遺跡や出土品の魅力を分かりやすい言葉と写真・図版で伝えられるように努めました。一話一話は読み疲れしない一五〇〇字程度にしましたが、限られた字数で言い尽くすことは難しいもので、何度も文書を削ったり修正したりの連続でした。相馬さんをはじめ秋田魁新報社の皆様には、各回の締め切りギリギリまで校正や図版作成等でご苦労を掛けてしまいました。

※　※　※

本書では、旧石器時代から江戸時代までの遺跡や出土品を取り扱っています。ここで登場した遺跡の時代を概観してみます。秋田県における「人」の歴史は、今から約三万五千年前の後期旧石器時代に始まります。厳しい氷期の環境下で狩猟活動を営みながら人々が生き抜いた時代です。

やがて、現代に続く温暖な後氷期を迎え、縄文時代となります。土器の発明・普及が縄文時代の始まりとされています。本県では今から約一万三千年前の土器が最も古いものになります。縄文時代は、県内各地で様々な地域文化が育まれた狩猟採集漁撈民の時代です。

そして、今から約二千三百年前には、弥生土器や稲作などといった新来の文化が、九州から日本海沿いに本県にも入ってきたようです。農耕に生業基盤をおいた弥生時代の始まりですが、本県ではこの時代の確実な水田遺跡はいまだ見つかっていません。興味深いことに、気候が寒冷化に転ずる弥生時代の終わりから古墳時代にかけて、北海道の続縄文文化が東北地方まで南下する現象が見られます。秋田大学名誉教授の新野直吉《にいのなおよし》先生は、縄文的・弥生古墳的文化が本県内にモザイク状の広がりを見せる状況を「斑状《まだら》文化」と言い表しました。全く違う文化が共存していたかもしれないその時代に生きていれば、はたしてどのような感じだったのだろうと想像すると不思議な気分になります。弥生時代後期から古墳時代にかけて気候が寒冷化したこともあり、本県の遺跡自体は減少します。

遺跡が少ない傾向は飛鳥・奈良時代まで続きます。西では日本国が成立し、法と税で国を支配する律令国家が現れるとともに、出羽国となった本県もそうした歴史の渦に飲み込まれていくことになります。七三三年には出羽柵《でわのさく》（後に秋田城に改称）が国の出先機関として置かれ、国家側から「蝦夷《えみし》」と呼ばれた地域住民の支配を担いました。七五九年には雄勝城（遺跡未発見）が、平安時代に入った九世紀初頭には払田柵跡が造営されます。秋田県内には平鹿・雄勝・山本・秋田・河辺・由理郡等が建てられ、官道の整備と駅家《うまや》の配置がなされます。これらの機関を中心に開拓が進み、九世紀以降、遺跡が増加し始めます。水田や製鉄・製塩遺跡も発見され、生産・資源開発も進んだことがうかがい知れます。

平安時代後半、前九年・後三年合戦を経て平泉藤原氏の時代へ、そして、平泉藤原氏を滅ぼした源頼朝が守護地頭の任命権を獲得する一一八五年、鎌倉時代の始まりとともに中世に入ります。大河兼任《かねとう》の乱を鎮圧した鎌倉幕府によって、鹿角を成田・安保・秋元・奈良氏、比内を浅利氏、男鹿・秋田を橘氏、雄勝を小野寺氏に、所領として与えられます。その後、安東氏が津軽から秋田に入り、徐々に下克上の戦国期を迎えるようになります。この頃の文献はあまり残っていませんが、埋蔵文化財の発掘調査によって、城館跡や集落・生産遺跡が県内各地で見つかっています。

一六〇三年、徳川家康が征夷大将軍となり江戸に幕府を開くと、本県には常陸国から佐竹義宣《よしのぶ》が転封され、久保田城を中心とした城下町が形成されます。久保田城下の発掘では武家屋敷群が発見され、往時の武士の暮らしぶりとその移り変わりを知ることができます。

私たちの足もとには、そうした先人たちの暮らした痕跡が埋っているのです。これらの痕跡である埋蔵文化財は「歴史の記憶の断片」と言い換えてもいいかもしれません。私たちはそうした記憶の断片を発掘して、つなぎ合わせ、分析・研究を進め、秋田県の歴史を復元する試みを続けています。

※　※　※

ところで、埋蔵文化財の収蔵については、本編コラムで取り上げる場面がありませんでしたので、ここで少し紹介します。

遺跡から発掘された出土品は、整理・分析され、記述・図化・写真撮影・計測表作成を経て、最終的に遺跡発掘調査報告書にまとめられます。本来はすべての出土品を報告したいのですが、膨大な量ゆえ叶いません。そのため調査員が、報告書に掲載するものを選別します。報告書刊行後は、出土品を箱に入れて収蔵庫に収めます。収蔵庫は、大仙市の埋蔵文化財センター本所に附属する第一・二収蔵庫と男鹿市の男鹿収蔵庫（旧男鹿高校）があり、第一・二収蔵庫では報告書掲載分、男鹿収蔵庫では報告書未掲載分の資料を収蔵するという区分けをしています。出土品以外の図面や写真、その他の調査・分析記録等は本所内で保管しています。

出土品を入れた箱にはＩＤ番号を振り、データベース化しています。当センターには毎年、県内外の博物館や研究者から、展示のための資料貸出や資料調査の依頼が来ます。データベース化することによって資料の所在や状況を容易に検索でき、そうした依頼にスピーディに応えることができます。また、出土品の中には鉄製品や木製品など、そのまま放っておくと錆びたり朽ちたりしてしまうため、保存処置など定期的なメンテナンスが必要なものもあります。ばらばらの破片をつなぎ合わせて復元した土器にしても、接着部分が劣化することもあり、そのままにしておくと破損につながる怖れがあります。そのため、データベースにはメンテナンスの履歴も記録しています。そうすることによって、後世に大切な文化財を伝えるための処置を適切なタイミングで行い、適正な保存・管理ができるようになります。

現在、当センターで収蔵している資料は二万箱を超えています。発掘調査を実施するたびに収蔵品は増えていくため、収蔵スペースの確保が将来的な課題となっています。

※　※　※

本書は一般の方々向けに書かれていますが、埋蔵文化財や考古学に携わる仕事に将来就きたいと考えている中高生にとっても、仕事のイメージが膨らむ内容になればと願っています。また、より幅広い世代の方々にとって、本書が生涯学習のきっかけになれば、私たちもこの上ない喜びです。そのための場として、どなたでも楽しんで学んでいただけるよう、当センターでは、考古学セミナーや金曜講座、体験教室、埋蔵文化財発掘調査報告会、展示活動などを毎年開催しています。

考古学は、考える頭と好奇心があれば、どなたでも一生涯楽しめるものです。土地と密接不離な関係にある埋蔵文化財について学び考えることは、自分たちの生活の舞台であるその地域を深く知ることにつながります。すると不思議なことに、いつも見慣れた日常風景が少し違って見えるようになります。そうした体験を通して、地域にいっそうの愛着を持つことができるのではないかと思います。本書をあらためて読んでいただければお分かりいただけるかと思いますが、じつは、私たち埋蔵文化財センター職員自身が、日々の仕事を通してそうした経験を重ねているのです。
さらに深く学びたい方のために、「埋文職員のおすすめ本」を巻末に掲載しました。学びの一助としていただければ幸いです。本書が皆さんの「おすすめ本」リストに入ることを祈りつつ……。

吉川耕太郎

施設紹介

秋田県埋蔵文化財センター

〒014-0802 秋田県大仙市払田字牛嶋20

電　　話:0187-69-3331

ファックス:0187-69-3330

Eメール:maibunweb@mail2.pref.akita.jp

休 館 日/年末年始(12月28日～1月3日)

成人の日、建国記念の日、春分の日

秋田県埋蔵文化財センター中央調査班

〒010-1621 秋田県秋田市新屋栗田町11の1

休 館 日/土日、祝日、年末年始(12月28日～1月3日)

土《つち》に聴《き》け　あきた埋文《まいぶん》40年　遺跡《いせき》調査《ちょうさ》奮闘記《ふんとうき》

編　　者　秋田《あきた》県《けん》埋蔵《まいぞう》文化財《ぶんかざい》センター
発 行 日　2023年9月15日　初版

発 行 人　佐川 博之
発 行 所　株式会社秋田魁新報社
〒010-8601 秋田市山王臨海町1-1
Tel. 018(888)1859
Fax. 018(863)5353
印刷・製本　秋田活版印刷株式会社

定価はカバーに表示してあります。
乱丁、落丁はお取り替え致します。
ISBN 978-4-87020-433-1　c0021　¥900E